ign my design my design my design my design my design

my design my design my design my design my design my

Ilka Siebel

mein
filz-design

Ilkas wunderbare Welt
des Nassfilzens

Ilka Siebel

mein
filz-design

Ilkas wunderbare Welt
des Nassfilzens

inhalt

schönes für den alltag

wissenswertes und hilfreiches

meine wunderbare welt des filzens

Durch mein uriges Filzatelier zieht der fruchtige Duft von heißem Erdbeertee, der sich in unserem historischen Fachwerkhaus mit dem frischen Aroma von dampfender Seifenlauge verbindet und eine inspirierende Mischung ergibt.

Auf dem alten Küchentisch von meiner Oma stapeln sich bereits bunte, flauschige Wollknäuel, die auf den ersten Blick viel zu schade zum Verfilzen erscheinen. Doch dann sprudeln die Ideen: „Wird aus der kuscheligen Wolle eine verspielte Blütenkette für eine gute Freundin, eine süße Erdbeerbrosche oder ein paar besondere Pantoffeln mit hübscher Verzierung?" Ich beginne zu filzen und versinke langsam in meinen Gedanken.

Das kreative Handarbeiten hat in unserer Familie eine lange Tradition. Meine Oma war Schneiderin, was eindeutig auf mich abgefärbt hat: Bereits mit fünf Jahren nähte ich Kleider für meine Teddybären und saß später heimlich an Mamas guter Nähmaschine. Mit den Jahren kam die Malerei hinzu und vor acht Jahren entdeckte ich dann die flauschige Filzwolle für mich, über die ich jetzt sogar ein Buch schreibe.

In meinem Buch über die Lust am Filzen findest du eine große Auswahl an individuellen und verspielten Dekorationen, Figuren und nützlichen Dingen, auf die große Mädchen von heute nicht mehr verzichten können. Aber auch das ein oder andere Geschenk für liebe Menschen, denen du eine Freude bereiten möchtest, ist dabei. Denn warum sollte man sich mit Allerweltsprodukten aus dem Kaufhaus umgeben, wenn man schöne Dinge so leicht selbst machen kann?

Ich möchte dir in diesem Buch das Vergnügen des Filzens näherbringen und dich mit auf eine entspannte Reise abseits des oft stressigen Alltags nehmen. Genug geredet — jetzt wird es Zeit für deinen persönlichen Kreativurlaub in meiner wunderbaren Welt des Nassfilzens.

Ilka Siebel

accessoires
für's fräulein

Wie wäre eine Welt ohne hübsche Blümchen oder leckere Erdbeeren? Für mich unvorstellbar. Jedes Jahr sehne ich die Zeit herbei, um in die saftigen roten Früchte zu beißen und aus den Kirschen vom eigenen Kirschbaum köstliche Marmelade zu kochen. Ganz von diesen sommerlichen Gefühlen inspiriert habe ich in diesem Kapitel hübsche Accessoires zusammengestellt, auf die große Mädchen von heute nicht mehr verzichten können. Mit blumigen Pulswärmern, romantischem Haarschmuck oder fruchtig-frechen Broschen für's Fräulein werden die Tage lustiger und fröhlicher. Probier's einfach mal aus!

romantischer blütengürtel
trage ich zu jeder Jahreszeit

❀ Zuerst teile ich vom hellgrünen Kammzug einen 1,10 m langen Strang ab und halbiere ihn in der Mitte. Um jeweils ein Ende der beiden Stränge wickele ich als hübschen Verlauf etwas weiße Wolle und filze dann zwei Schnüre wie auf Seite 61 beschrieben. Dabei bleibt das andere Ende der Stränge ca. 7 cm lang trocken und unverfilzt, damit man die Schnüre später an den Gürtel filzen kann.

❀ Dann verteile ich eine Lage weiße Merinowolle auf der Schablone aus Noppenfolie, zupfe das trockene Ende der beiden Filzschnüre auseinander und lege sie aufgefächert auf die Schablone. Darauf quer eine weitere Lage Wolle verteilen, alles mit dem zweiten Anti-Rutsch-Gitter zudecken, das Ganze mit heißer Seifenlauge anfeuchten und die überschüssige Luft aus der Wolle drücken. Anschließend hebe ich das obere Gitter vorsichtig wieder hoch. Die überstehenden Ränder gleichmäßig auf Schablonengröße nach innen umschlagen.

Wenn du das Filzband etwas schmaler anfertigst, kannst du es auch sehr schön als Haarband tragen oder im Winter deine Ohren damit wärmen.
Du kannst es natürlich auch in unterschiedlichen Farben arbeiten, passend zu deiner Garderobe.

❀ Nun ist das Muster an der Reihe: Rolle dazu aus hellgrüner Merinowolle eine ca. 50 cm lange dünne Schnur (ggf. mehrere Stücke aneinandersetzen) und lege sie gemäß Vorlage und Abbildung auf den Gürtel. Die überstehenden Enden kannst du mit der Schere abschneiden. Für die Blätter kurze Fasern aus dem grünen Wollstrang zupfen und ein Ende zwischen den Fingern zusammenzwirbeln. Für die Röschen feine Fasern aus beiden Rosatönen zupfen, zu einer Schnecke aufwickeln und auf der Ranke verteilen. Aus gelben Flöckchen lege ich kleine Punkte in die Mitte der Rosen. Anschließend platziere ich aus rosafarbener Wolle kleine Kügelchen auf dem Gürtel. Nun wird der Gürtel vorsichtig verfilzt, gewalkt und ausgespült.

❀ Filze nun die Blüte wie auf Seite 63 beschrieben (ausgehend von einem Filzkreis von ca. ø 12 cm) und schneide mit der Schere vier gleich große Blütenblätter aus. Aus der restlichen hellgrünen Merinowolle stellst du eine Filzplatte her (siehe Seite 66), schneidest daraus drei Blätter aus und nähst alles zusammen auf den Gürtel.

❀ 11

zarter blütenschmuck
für mehr Romantik im Alltag

❀ Für alle drei Modelle fertige ich zuerst eine Filzplatte (siehe Seite 66) aus hellgrüner Wolle. Daraus schneide ich nach Vorlage ein kleines Blatt für den Blütenring bzw. drei große Blätter für die beiden anderen Varianten aus. Die Blüte wird wie auf Seite 63 beschrieben gefilzt (ausgehend von einem Wollkreis von ca. ø 8 cm für den Ring und ca. 12 cm für die anderen Blüten) und in fünf spitz zulaufende Blütenblätter geschnitten.

❀ Für die Kette wickele ich den dünnen waldgrünen Wollstrang um den hellgrünen herum. An einem Ende werden ein paar gelbe Wollfasern, am anderen Ende weiße Wollfasern verteilt, dann wird die komplette Schnur gefilzt (siehe Seite 61).

❀ Steche ein kleines Loch in die Mitte der Blüte und ziehe die Filzschnur so hindurch, dass das gelbe Ende als Blütenstempel dient. Fixiere die Blüte mit einem Knoten in der Schnur, bevor du die Blätter auf der Rückseite festnähst. Damit man die Kette jederzeit in der Länge verstellen kann, setze ich in ein grünes Blatt zwei kleine parallele Schnitte, durch die ich die Schnur hindurchfädele.

❀ Zusätzlich zu der Blüte und den Blättern filze ich für die Brosche einen dünnen grünen Wollstrang und lasse dabei beide Enden ca. 3 cm lang trocken und unverfilzt. Aus weißer und rosafarbener Wolle forme ich zwei spitz zulaufende Knäuel und fixiere sie mit der Filznadel (siehe Seite 62). Dann zupfe ich die trockenen Enden der Filzschnur auseinander und steche sie mit der Filznadel an den Knospen fest. Anschließend wird alles mit heißer Seifenlauge verfilzt. Zum Schluss lege ich den Knospenstrang doppelt und nähe ihn mit den drei Blättern an der Blüte fest. Auf der Rückseite kannst du nun die Anstecknadel anbringen.

❀ Für die Ringschiene wickelst du den 3 cm x 15 cm langen Wollstrang eineinhalb Mal um drei deiner Finger (Zeige- bis Ringfinger). Filze nun wie auf Seite 62 beschrieben weiter. Die getrockneten Teile werden mit Nähgarn zusammengenäht. Wenn's schnell gehen muss, kannst du auch Textilkleber verwenden.

Ergebnis meiner großen Filzleidenschaft: mein kleiner Laden in Freudenberg.

Vor einigen Jahren
entdeckte ich in
einem kleinen, feinen
Geschäft einen
traumhaften Blüten-
ring aus Filz. Doch
beim Anblick des
Preises dachte ich
mir: „Das kann
ich doch selbst!"
Das war der Beginn
einer großen
Leidenschaft.

geöffnet

pulswärmer für kühle tage
halten auch die Seele warm

❀ Am besten filzt man die Stulpen aus einer Schablone aus Noppenfolie, bei der beide Stulpenteile an den kurzen Seiten aneinandergesetzt wurden. Dadurch werden sie gleichmäßiger und man spart Zeit. Auf der Schablone verteile ich zwei hellgrüne Wollschichten und filze sie leicht an (siehe Seite 64/65).

❀ Dann wende ich die Schablone und schlage die überstehenden Fasern nach innen über die Schablone, bevor ich erneut zwei Wollschichten verteile. Dabei sollten die Fasern über die Schablone hinausragen. Alles mit dem zweiten Gitter zudecken, mit heißer Seifenlauge anfeuchten und die Luft aus der Wolle drücken. Anschließend wird das Gitter wieder vorsichtig abgehoben.

❀ Nun fehlt noch das Ornament: Dazu rolle ich dünne Filzstränge in zwei Grüntönen zu einer langen Schnur, feuchte sie mit heißem Wasser an und lege sie zu einer Ranke auf die Stulpen. Dann werden die überstehenden Fasern umgeschlagen und beide Seiten fertig gefilzt (siehe Seite 64/65).

❀ Die kurzen Seiten werden aufgeschnitten und die Folie wird entfernt. Nun mit dem Walken beginnen, bis sich die Stulpen nicht mehr verziehen und die passende Größe haben. Anschließend schneide ich die noch zusammenhängenden Stulpen in der Mitte durch und verfilze die Schnittkanten. Für die Daumen mache ich auf der Rückseite ca. 4 cm vom oberen Rand und ca. 2 cm vom Seitenrand entfernt einen ca. 6 cm langen Schnitt.

❀ Die beiden Blüten filze ich wie auf Seite 63 beschrieben. Dabei lege ich jeweils einen Wollkreis von ø 8 cm aus. Zum Schluss werden die Blüten auf die Pulswärmer genäht – und schon kann die kalte Jahreszeit kommen.

Tipp: Bitte die Pulswärmer erst in trockenem Zustand anprobieren, damit sie die Form behalten.

Kein Herbstspaziergang ohne meine Pulswärmer: Ich liebe es, durch die herbstliche Natur zu wandern – natürlich nur, wenn ich nicht gleich nach zehn Minuten total durchgefroren bin.

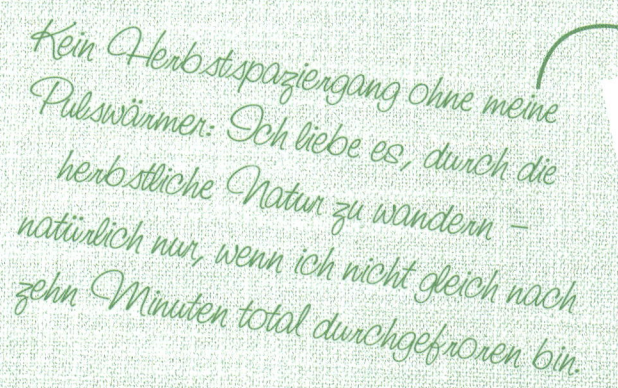

knallrote kirschohrringe

ein klassisches Sommeraccessoire

❀ Zuerst teile ich die rote Vlieswolle in vier gleich große Stücke und schneide das Hutgummi in zwei Teile. An jedes Ende ein rotes Wollflöckchen knoten, zu einem kleinen Knäuel aufwickeln und mit der Filznadel zu Kugeln (ca. ø 1,5 cm) formen. Dann werden die Kugeln in heißer Seifenlauge zu gleich großen Kirschen verfilzt (siehe Seite 62).

❀ Für die Blätter stellst du eine moosgrüne Filzplatte her (siehe Seite 66) und schneidest nach Vorlage zwei kleine Doppelblätter aus. Knote nun die Kirschen jeweils mittig um die Doppelblätter und nähe die Ohrhaken an.

Mit meinen Kirschohrringen habe ich eine Kindheitserinnerung umgesetzt.

noch mehr kirschen
wie frisch vom Baum

❀ Aus dem hellgrünen Kammzug fertige ich eine dünne Filzschnur (siehe Seite 61), deren Enden ca. 3 cm lang trocken und ungefilzt bleiben.

❀ Für die Kirschen teile ich einen ca. 3 cm x 10 cm langen Wollstrang in zwei Teile, wickele diese jeweils fest zu einem Knäuel und fixiere sie mit der Filznadel zu gleich großen Kugeln. Dann verfilze ich sie in heißer Seifenlauge (siehe Seite 62) und lege sie mit der Filzschnur zum Trocknen auf die Heizung.

❀ Dann zupfe ich die trocken gebliebenen Enden der Filzschnur auseinander und nadele sie mit der Filznadel mittig an der Kirsche fest. Für die Blätter wird eine kleine Filzplatte aus hellgrüner Merinowolle gefertigt (siehe Seite 66), aus der mithilfe der Vorlage Blätter ausgeschnitten werden.

❀ Mit den Kirschen lässt sich nun beliebig weiterarbeiten. Für ein Haargummi wird der Kirschstrang um das zugeschnittene Doppelblatt geknotet und an das Haargummi genäht (siehe Abbildung Seite 54). Für den Haarclip werden die Kirschen um ein zugeschnittenes Doppelblatt geknotet, eine kleine weiße Blüte mit gelbem Innenteil wird nach Anleitung auf Seite 63 gefilzt und alles zusammen auf den Clip genäht. Für die Brosche schneide ich zwei kleine Kirschblätter aus, lege den Kirschbändel doppelt und klemme diesen zwischen die Blätter. Alles zusammen nähe ich mit der Schleife an eine Anstecknadel.

❀ 17

nie wieder kalte füße
mit meinen Glückspantoffeln

Damit die Schuhe schön stabil werden, lege ich drei dicke Wollschichten auf die Schablone aus Noppenfolie (ca. 4 cm über den Rand hinaus) und filze alles wie in der allgemeinen Anleitung beschrieben (siehe Seite 64/65) vorsichtig an. Nachdem die Ränder auf der Rückseite umgeschlagen wurden, wiederhole ich das Gleiche auf der zweiten Seite. Dann wird die Wolle befeuchtet, mit dem zweiten Gitter die Luft herausgedrückt und dieses vorsichtig wieder entfernt.

Auf dem Pantoffel werden kleine weiße Wollflöckchen als Punkte verteilt. Achte dabei darauf, dass du sie nicht über den Schablonenrand hinauslegst. Aus dem grünen Wollstrang ziehe ich dann eine dünne lange Schnur (ca. ein Viertel der Strangdicke) und feuchte sie an. Dann lege ich sie als Ranke auf die Außenseite des Pantoffels. Dabei sind Vorlage und Abbildung hilfreich.

Filze nun den Pantoffel fertig, bis du mit dem Walken beginnen kannst (siehe Seite 64/65). Dann geht's an die Schere: Schneide wie in der Vorlage eingezeichnet vorsichtig ein Loch in den oberen Teil des Pantoffels und entferne die Schablone. Verfilze nun den Innenteil und die Schnittkanten und modelliere das gute Stück zu einem Pantoffel. Wenn du magst, kannst du den Pantoffel mit deinen nackten Füßen ausformen. Zum Trocknen kannst du alte Zeitungen oder ein kleines Handtuch in den Pantoffel stopfen, damit er die Form nicht verliert.

Für den zweiten Pantoffel legst du die Schablone spiegelverkehrt auf das Gitter und wiederholst das Ganze noch einmal genauso wie beim ersten Pantoffel. Jetzt hast du ja schon Übung.

Aus der restlichen grünen Wolle filze ich wie bei der Brosche auf Seite 23 beschrieben zwei Glücksklee-Blätter (ohne Stiel), die mit einer Schleife verziert werden. Dazu wird das Webband halbiert und zu zwei hübschen Schleifen gebunden. Beides zusammen wird an der Außenseite auf die grüne Ranke genäht oder mit Textilkleber befestigt.

Tipp: Damit du nicht durch die Wohnung rutschst, kannst du die Sohlen mit einem transparenten Naturkautschuk bestreichen.

erdbeerlust
kein Sommer ohne Erdbeeren

Haarband

❀ Die Blüte des Erdbeerhaarbandes filze ich wie in der Anleitung auf Seite 63 beschrieben (ausgehend von einem Wollkreis von ca. ø 12 cm). Aus dem langen grünen Strang filze ich eine Schnur, ebenso aus den zwei kurzen Strängen, allerdings bleiben dabei beide Enden ca. 2 cm lang trocken und unverfilzt. Aus der restlichen grünen Wolle wird eine Fläche für die Blätter gefilzt (siehe Seite 66). Die Erdbeeren werden wie auf Seite 62 beschrieben gearbeitet.

❀ Nun werden alle Teile miteinander verbunden: Zuerst in die Mitte der Blüte ein kleines Loch stechen und die lange Filzschnur durch einen Knoten in der Blüte fixieren. Dann die drei Blätter auf der Rückseite festnähen, in ein Blatt zwei kleine parallele Schnitte setzen und das andere Ende der Filzschnur hindurchziehen. Zum Schluss werden die Erdbeeren jeweils an einem unverfilzten Ende der kurzen Filzschnüre festgenadelt und dann mit dem anderen, bauschigen Ende am Haarband befestigt.

Brosche

❀ Am besten beginnst du mit einer dünnen grünen Filzschnur, deren eines Ende 3 cm lang unverfilzt bleibt (siehe Seite 61). Anschließend legst du einen ca. 5 cm großen Wollkreis in Hellgrün aus, zupfst das trockene Ende der Schnur auseinander und platzierst es mittig im Wollkreis, bevor alles mit heißer Seifenlauge gut verfilzt wird (siehe Seite 61). Den Rand des Kreises schneidest du mit der Schere zackig ein. Wenn du in das obere Ende der noch feuchten Filzschnur einen Knoten machst, entsteht nach dem Trocknen beim Lösen ein hübscher Kringel.

❀ Und nun zur Hauptsache: Für die Erdbeere wird aus der roten Merinowolle ein festes Knäuel gewickelt, das mit der Filznadel fixiert und anschließend nass gefilzt wird. Forme dabei die Zapfenform der Erdbeere (siehe Seite 62). Auf die getrocknete Frucht kann man gelbe Punkte aufnadeln und diese dann von unten an die zackigen Blätter nähen.

❀ Aus der restlichen grünen Wolle eine kleine Fläche filzen (siehe Seite 66) und nach Vorlage zwei Blätter ausschneiden. Dann die Filzschnur als Stiel zwischen die Blätter legen und alles mit der karierten Schleife zusammennähen. Zum Schluss kannst du die Anstecknadel auf der Rückseite anbringen.

ein glückliches händchen
hat man mit diesem Ring

✿ Am besten beginnst du mit dem unteren Teil des Fliegenpilzes: Dazu aus der weißen Wolle ein festes längliches Knäuel formen (ca. 1 cm x 3 cm), mit der Filznadel fixieren und ein Ende unverfilzt lassen.

✿ Aus der roten Wolle wickele ich eine kleine Schnecke (ca. ø 4 cm). In der Mitte platziere ich das auseinandergezupfte bauschige Ende des Pilzstiels. Nun den äußeren, roten Rand etwas nach innen über die weiße Wolle klappen und beide Teile mit der Nadel verbinden. Den genadelten Pilz nass filzen und ausformen. Nach dem Trocknen kannst du kleine, weiße Punkte aufnadeln.

✿ Der grüne Wollstrang wird eineinhalb Mal um drei Finger (Zeige- bis Ringfinger) gewickelt, in heiße Seifenlauge getaucht und wie in der allgemeinen Anleitung beschrieben verfilzt (siehe Seite 62). So entsteht die Ringschiene. Den Fliegenpilz nähst du mit der Karoschleife anschließend auf die trockene Ringschiene.

Tipp: Wenn du einen etwas größeren Ring filzt, kannst du ihn auch super als Serviettenring verwenden oder einen Geldschein zusammenrollen, hineinschieben und verschenken.

glück to go!
ein bisschen Glück braucht jeder

❀ Zuerst brauche ich eine dünne Filzschnur mit einem ca. 3 cm langen unverfilzten Ende (siehe Seite 61). Dann lege ich einen ca. 7 cm großen Wollkreis aus grüner Wolle aus und platziere mittig das auseinandergezupfte Ende der Filzschnur. Ich verfilze beide Teile (siehe Seite 61) und schneide anschließend eine Kleeblattform aus.

❀ Den Pilz, der wie beim Ring auf Seite 22 beschrieben gearbeitet wird, nähe ich mit der Schleife auf das Kleeblatt. Wenn ich es eilig habe, verwende ich hier übrigens gerne Textilkleber. Auf der Rückseite wird eine Anstecknadel angebracht.

Tolles Motiv fürs Filzen – aber giftig!

Tipp: Mit einem langen Stiel kannst du das Kleeblatt als Kette verwenden oder mit einer Spange als Haarclip tragen.

❀ 23

deko mit kuschelfaktor

Wieso sollte man nur sich selbst mit hübschen Filzaccessoires verschönern, wenn die Wohnung doch viel mehr Fläche zum Dekorieren bietet? In diesem Kapitel dreht sich alles um die gemütliche Zeit des Jahres. Gerade wenn es draußen immer kälter und die Tage kürzer werden, freut man sich nach einem ausgedehnten Spaziergang ganz besonders auf ein gutes Buch.
Und erst recht in der Weihnachtszeit geht es in der heimischen Werkstatt hoch her. Wie wäre es dieses Jahr mal mit einem selbstgefilzten Nikolausstiefel oder ein paar niedlichen Zuckerstangen als Weihnachtsbaumanhänger?

pastellige herzerl
für liebe Menschen

Filzherzen

❀ Für diese kleinen Herzen schneide ich zuerst eine Schablone aus Noppenfolie zu und verteile darauf zwei Wollschichten wie in der Anleitung auf Seite 64/65 beschrieben. Nun verfilze ich diese Seite leicht und drehe das Herz um.

❀ Die überstehenden Wollfasern werden oben in der Mitte eingeschnitten und nach innen über die Schablone geklappt. Nun lege ich wieder zwei Wollschichten auf das Herz, feuchte die Wolle an und drücke mithilfe einer Anti-Rutsch-Matte die Luft aus der Wolle.

❀ Jetzt sind die Verzierungen an der Reihe: Schneide den Muffin mithilfe der Vorlage aus Vorfilz aus und platziere ihn mittig auf dem Herz. Mit dünnen braunen Wollfasern deutest du die Streifen auf dem Unterteil an. Feine beigefarbene Wollfasern auf der dunkelbraunen Haube sorgen für einen schönen Verlauf. Forme aus dunkelrosa Wolle ein Kügelchen und setzte es oben als Kirsche auf den Muffin.

❀ Für die Kirsche rolle ich eine ca. 8 cm dünne, braune Schnur, falte sie in der Mitte und lege sie als Stiel auf das Herz. Für die Blätter ziehe ich feine Wollfasern aus dem grünen Strang, zwirbele sie an einem Ende mit den Fingern zusammen und lege sie auf den Knick des Stiels. Die süße Kirsche erhält man, indem man ein rotes Wollflöckchen zur Schnecke formt und am Ende des Stiels platziert.

❀ Die drei Blätter des Röschens werden genauso gefertigt wie bei der Kirsche. Für das Röschen ziehst du aus beiden Rosatönen feine Fasern aus dem Kammzug, drehst sie zu einer Schnecke und platzierst sie mittig auf den Blättern. Wenn du gern ein gepunktetes Herz hättest, rollst du zwischen deinen Fingern kleine Wollkügelchen und platzierst sie um das Motiv herum.

❀ Nun filze ich die Herzchen wie in der Anleitung auf Seite 64/65 beschrieben fertig. Nach dem Trocknen mache ich auf der Rückseite der Herzchen einen kleinen Schnitt und entferne die Folie. Jetzt kann es z. B. mit Wolle, Lavendel oder Dinkel ausgestopft und zugenäht werden. Als Aufhänger habe ich oben an das Herz ein hübsches Webband genäht. Der Muffin freut sich übrigens über ein kariertes Schleifchen am Rand. Lustig sieht es aus, wenn man eine Filzkirsche durch einen roten Knopf ersetzt.

Tipp: Die Herzchen kann man auch aus Stoff nähen. Das Motiv wird übrigens zuerst aufgenadelt und dann nass fertiggefilzt, bevor beide Stoffteile rechts auf rechts aufeinandergenäht werden.

es spukt!
kleine Gespenster: Egon und Edwin

Geisterstunde,
Geisterrunde ...
Was wäre
Halloween ohne
richtige Gespenster?
Egon und Edwin
versprühen die
richtige Gruselstim-
mung für finstere
Oktobernächte,
in denen sich sogar
das kleine Kürbis-
mädchen auf der
nächsten Doppel-
seite etwas fürchtet.

✿ Gleich ein praktischer Tipp zu Beginn: Wenn ich zwei Gespenster auf einmal arbeiten will, spiegele ich einfach die Schablone am unteren Ende und rechne doppelt so viel Wolle ein. Zuerst teile ich einen ca. 8 cm langen weißen Wollstrang ab, wickele ihn als ovales Knäuel auf und fixiere ihn mit der Filznadel. Nun wird nach der Grundanleitung (siehe Seite 61) eine 8 cm lange Filzschnur angefertigt, wobei ein Ende trocken und unverfilzt bleibt.

✿ Dann lege ich zwei Lagen weiße Wolle auf die ausgeschnittene Schablone und filze sie leicht an (siehe Seite 64/65). Ich drehe die Form wie einen Pfannkuchen um, hebe das obere Gitter ab und klappe die überstehenden Wollfasern über die Schablone nach innen. Am besten schneidet man die Wolle im Knick zwischen Kopf und Körper ein, da sich die Kontur an dieser Stelle so besser ausformen lässt.

✿ Auf die Vorlage wird nun eine Schicht weiße Wolle ausgelegt, auf die in der Mitte des Gesichts das aufgewickelte Knäuel gelegt wird. Nun die zweite Wollschicht auflegen, das trockene Ende der Filzschnur auseinanderziehen und am oberen Ende des Kopfes anlegen. Jetzt fehlt noch das Gesicht: Aus rosafarbener Wolle kleine Schnecken formen und neben der dicken Nase als Wangen anordnen.

✿ Decke alles vorsichtig mit dem zweiten Anti-Rutsch-Gitter ab und filze auch diese Seite vorsichtig an. Dann drehst du die Form wieder um und schlägst die Ränder nach innen. Nun wird das Gespenst wie in der allgemeinen Anleitung (siehe Seite 64/65) beschrieben fertig gefilzt. Schneide die Figur unten bzw. in der Mitte auf und entferne die Folie. Verfilze zudem noch die Schnittkanten und bringe die Figur samt Zipfel etwas in Form. Spüle das Gespenst unter klarem Wasser aus, damit alle Seifenrückstände beseitigt sind. Bevor am Gespenst weitergearbeitet werden kann, muss der Kopf mit Watte ausgestopft und die Figur zum Trocknen über eine Flasche gestülpt werden.

✿ Oberhalb der Nase nadele ich aus schwarzer Wolle zwei Augen auf, unterhalb der Nase zieht sich von Wange zu Wange ein breites Grinsen. Zum Schluss bekommt das lustige Gespenst noch ein Schleifchen um den Hals und schon kann die Halloween-Party beginnen.

Tipp: Die beiden Gruselgesellen lassen sich auch gut als Eier-wärmer verwenden. Da erledigt sich das Eier „abschrecken" von ganz allein.

kürbismädchen
meine kleine Herbstschönheit

❀ Ich beginne immer mit dem kurzen Stiel aus dunkelbrauner Vlieswolle und lasse dabei ein Ende trocken und unverfilzt (siehe Seite 61). Dann verteile ich zwei Schichten orangefarbene Wollflöckchen auf der Schablone und verfilze sie leicht (siehe Seite 64/65).

❀ Auf der Rückseite werden die Ränder über die Schablone nach innen geschlagen und erneut zwei Wollschichten in Orange ausgelegt. Dann feuchte ich die Wolle an und drücke sie mit dem zweiten Gitter platt, bis die Umrisse der Schablone sichtbar werden und ich das Gitter wieder vorsichtig abheben kann.

❀ Damit der Kürbis das typische Muster bekommt, lege ich vier dünne hellorangefarbene Wollstränge (ca. 20 cm lang) sternförmig auf den Wollkreis, zupfe das trockene Ende des braunen Stiels auseinander und platziere ihn mittig auf dem Kürbis (siehe Seite 61).

❀ Aus weißem Vorfilz werden nach der Vorlage zwei Kreise für die Augen ausgeschnitten und an den unteren Rand der Schablone zwischen die hellorangefarbenen Linien gelegt. Das Gleiche mache ich mit kleinen rosafarbenen Wollflöckchen, die ich neben die Augen als Wangen auflege. Dann forme ich aus kleinen schwarzen Wollfasern nach Vorlage Kügelchen und platziere sie als Pupillen auf den Augen.

❀ Decke alles mit einem Gitter vorsichtig ab und filze auch diese Seite gut an. Schlage die überstehenden Fasern erneut auf der Rückseite über die Schablone nach innen und filze den Kürbis fertig. Sobald sich die Fasern fest verbunden haben, kannst du das Anti-Rutsch-Gitter weglassen und direkt auf der Wolle reiben.

❀ Nun ziehe ich den Kürbis auseinander und reibe ihn in den Händen. Dadurch wird er rund und die Oberfläche wird ein bisschen runzlig. In die Unterseite schneide ich ein kleines Loch, entferne die Folie und nähe den Kürbis nach dem Ausstopfen wieder zu. Nun kann er gemütlich auf der Heizung vor sich hintrocknen – und ich trinke einen Tee.

❀ Das kleine Kürbismädchen ist fast fertig. Es fehlen nur noch ihr „gruseliger Mund" und ein hübsches Schleifchen. Zupfe aus dem braunen Kammzug dünne Wollfasern heraus und forme mit der Filznadel nach der Vorlage einen zackigen Mund. Zum Schluss bindest du um den braunen Zipfel ein kariertes Schleifchen.

Meine liebste Inspirationsquelle im Herbst – Kürbisse!

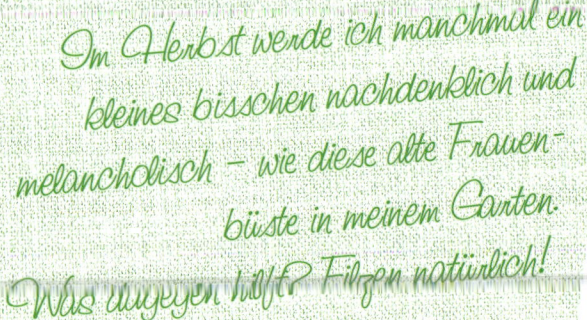

Im Herbst werde ich manchmal ein kleines bisschen nachdenklich und melancholisch – wie diese alte Frauenbüste in meinem Garten. Was dagegen hilft? Filzen natürlich!

natur inspiriert!
wie neulich beim Waldspaziergang

❀ Die Eicheln sind so vielseitig wie schnell gemacht. Teile die beigefarbene und die braune Wolle in zwei gleich große Teile und fertige jeweils zwei Eicheln nach der Anleitung auf Seite 62.

❀ Aus der grünen Wolle stellst du eine kleine Filzplatte her (siehe Seite 66), schneidest nach Vorlage zwei Eichenblätter aus und verfilzt die Schnittkanten. Zum Schluss bindest du aus dem karierten Webband eine Schleife und nähst alles zusammen.

Tipp: Die Eicheldeko lässt sich auch sehr gut als Haarclip, Brosche, Serviettenring oder Anhänger umfunktionieren.

steinpilze

der Name ist Programm

❀ Für dieses Modell habe ich den Namen dieser Pilze mal ganz wörtlich genommen. Zuerst teile ich die beigefarbene und braune Wolle in zwei gleich große Stücke und filze zwei Pilze nach der Anleitung von Seite 22.

❀ Das Gras um die Pilze herum wird aus einer gefilzten Fläche ausgeschnitten (siehe Seite 66). Das Motiv muss eine Länge von etwa 7–8 cm haben, damit es um den Pilzstiel herumreicht. Falls nötig, muss die Länge etwas angepasst werden.

❀ Um den unteren Teil der Pilze klebe ich nun die Wiese herum und setze anschließend alles auf einen hübschen Stein.

Tipp: Je nachdem wie groß du den Stein wählst, kannst du den kuscheligen Steinpilz auch gut als Briefbeschwerer oder Buchstütze verwenden.

❀ 33

warmes licht
für diese Windlichter bin ich Feuer und Flamme

❀ Die Wolle wird dachziegelartig in zwei Schichten auf die Schablone gelegt. Achte darauf, dass die Wolle ca. 4 cm über den Rand hinausragt. Verfilze diese Seite nach der allgemeinen Anleitung (siehe Seite 64/65). Dann wird das Werkstück umgedreht. Die an den Seiten und unten überstehenden Ränder werden über die Schablone geschlagen (nicht jedoch bei der Öffnung oben), bevor du auch auf dieser Seite zwei Wollschichten auslegst. Die Wolle wird soweit angefeuchtet, bis die Umrisse der Schablone sichtbar werden. Du kannst sie auch mit dem zweiten Anti-Rutsch-Gitter etwas platt drücken.

❀ Nun kommt das Motiv an die Reihe: Ich schneide mithilfe von Schablonen die einzelnen Teile aus Vorfilz aus und platziere sie auf der angefeuchteten bzw. platt gedrückten Wolle. Für die grüne Ranke teile ich die mittel- und moosgrüne Wolle in feine, dünne Stränge, feuchte sie an und lege sie auf das Windlicht. Darauf verteile ich die Blätter. Damit das Motiv lebendiger wirkt, lege ich auf die Blätter etwas hellgrüne Wolle und platziere auf den roten Fliegenpilzköpfen weiße Punkte.

Passt immer und überall: der Fliegenpilz. Hier ziert er eines meiner Ballonkleider.

❀ Nun kannst du diese Seite vorsichtig verfilzen (siehe Seite 64/65). Drehe das gute Stück wieder um, schlage die Ränder nach innen, filze das Windlicht fertig, bis es sich nicht mehr verziehen lässt und sich das Motiv fest mit der Grundform verbunden hat. Achte darauf, dass du immer wieder an den Rändern entlangstreichst, damit keine Falten oder Wülste entstehen. Dann kannst du zum Walken übergehen und das Windlicht danach auswaschen.

❀ Gleich ist das Windlicht fertig. Es muss nur noch die obere Öffnung zwischen den Händen auseinandergezogen, die Folie entfernt, der Rand in kleine Zacken geschnitten und die Schnittkanten verfilzt werden. Abschließend lasse ich die Filzhülle über dem Windlichtglas trocknen.

weihnachtsfreuden
alle Jahre wieder schön

Nikolausstiefel

❊ Dieser kuschelige Weihnachtsstiefel mit viel Platz für schöne Dinge wird als Hohlkörper gefilzt (siehe Seite 64/65). Die Oberseite bleibt offen. Die Spitze und die Ferse schneide ich aus weißem Vorfilz zu und lege sie auf den Stiefel. Außerdem verziere ich den Stiefel mit Pünktchen und Ranken, auf die wiederum die Zuckerstange aus Vorfilz platziert wird. Diese Seite wird verfilzt, die Ränder werden umgeschlagen und das Ganze mit der Rückseite wiederholt. Ziehe die obere Öffnung zwischen den Händen auseinander, entferne die Noppenfolie, verfilze die Innenseite des Stiefels und schneide den Rand zackenförmig ein.

❊ Als letzten Schliff klebe ich mit Textilkleber weiße Zackenlitze auf und nähe vorne ein Glöckchen an. Aus einer grünen Filzplatte (siehe Seite 66) schneide ich drei kleine Blätter aus und klebe sie nach Belieben auf die grüne Ranke. Nun fehlen nur noch zwei kleine Löcher am Rand des Stiefels, durch die du ein hübsches Band zum Aufhängen ziehen kannst.

Zuckerstangen

❊ Zuckersüß und kuschelweich sind die kleinen Zuckerstangen aus einem weißen Wollstrang, der zuerst hin- und hergerollt wird, damit die überschüssige Luft herausgedrückt wird und dann mit einem angefeuchteten dünnen Strang in Rot umwickelt wird. Anschließend besprühe ich alles mit heißer Seifenlauge und verfilze vorsichtig die gestreifte Stange (siehe Seite 61).

❊ Schneide die Schnur in gleich große Stücke und verfilze die Schnittkanten leicht. Biege jeweils ein Ende um ca. 3 cm um und fixiere es mit Stecknadeln, bis die Zuckerstangen trocken sind.

❊ Aus der grünen Filzplatte schneidest du für jede Zuckerstange ein kleines Blättchen nach der Vorlage aus und klebst es gemeinsam mit dem Band zum Aufhängen oben an die Stange. Fertig ist der Weihnachtsbaumschmuck!

Ich liebe Weihnachten! Ich liebe festliche Stunden, gemütliches Kreativsein – und natürlich wenn es mal geschneit hat. Das Foto zeigt meine malerische Stadt Freudenberg im Schnee.

schönes für den alltag

Liebst du auch ein ausgedehntes Frühstück? Also für mich sind frische Brötchen und der Duft von einer heißen Tasse Kakao Highlights des Tages. Und das Gute-Laune-Barometer steigt direkt mit einem hübschen Eierwärmer oder einem blumigen Serviettenring. Für den Mittagsschlaf bietet sich dann das kuschelige Kissen mit Lebkuchenherz im Trachtenstil an. Um eventuelle Bauchschmerzen oder kalte Füße wegzuzaubern, lernst du die kleine Alpenliesel kennen, die dir auf einer wohligweichen Wärmflasche entgegenlächelt.

serviettenringe

für eine schöne Tafel

✿ Zuerst teile ich die schlammfarbene Wolle in zwei gleich große Stränge (ca. 4 cm x 20 cm) und verfilze sie dann zu einer Ringschiene wie auf Seite 62 beschrieben.

✿ Nach der Anleitung auf Seite 66 fertige ich eine kleine grüne Filzplatte und schneide daraus nach Vorlage zwei Doppelblätter aus. Auch die Blüten werden nach der Grundanleitung von Seite 63 gefertigt (ausgehend von einem Wollkreis von ca. ø 10 cm). Nach dem Verfilzen teilst du die Blüte in fünf Blütenblätter und schneidest sie spitz ein.

✿ Die trockenen Teile nähst du dann mit den karierten Schleifchen zusammen und schon hast du eine blumige Tischdeko.

Blumen sind was Wunderbares. Ich liebe sie in der Natur genauso wie an meinen Filzarbeiten.

eierwärmer
für ein heißes Frühstück

❀ Die Eierwärmer werden als Hohlkörper wie auf Seite 64/65 beschrieben gefilzt.

❀ Was die Verzierung angeht, gibt es verschiedene Varianten. Für die gestreiften Eierwärmer teile ich von dem grünen Kammzug ca. 15 cm lange, dünne Fasern ab, rolle sie kurz auf dem angefeuchteten Anti-Rutsch-Gitter hin und her und platziere sie parallel auf der Wolle. Den hübschen Verlauf an der Spitze bekommt man, indem man mit den Fingern feine Wollfasern einer anderen Farbe aus dem Kammzug zieht und sie längs von oben nach unten auf den Eierwärmer auflegt. Für die Tupfen rolle ich kleine Kügelchen zwischen den Fingern und verteile sie auf der Schablone.

❀ Nach dem Aufbringen des Musters werden die Eierwärmer wie auf Seite 64/65 beschrieben fertig gefilzt und gewalkt.

Tipp: Als Verzierung kannst du auf die Spitze der Hütchen auch eine Blüte annähen. Dadurch wirken sie romantischer. Die Anleitung dazu findest du auf Seite 63.

❀ 41

kleiderbügel zum abhängen

praktisch und schön

✿ Wickele den dicken Wollstrang etwas aufgefächert so um den Bügel, dass keine Löcher oder dünne Stellen mehr zu sehen sind. Für den gestreiften Bügel feuchtest du einen 1,10 m langen, grünen Wollstrang an und wickelst ihn ebenfalls in gleichmäßigen Abständen um den Bügel. Sollen nur die Enden andersfarbig werden, zupfst du dünne Fasern eines anderen Farbtons aus (hier blau) und verteilst sie an beiden Enden des Bügels.

✿ Um die Wolle auf dem Bügel zu fixieren, umwickele ich den Bügel kreuz und quer mit transparentem Faden und lege den Bügel zwischen zwei Anti-Rutsch-Gitter. Nun besprühe ich alles mit heißem Wasser, streiche ein Stück Seife darüber und beginne, in kreisenden Bewegungen zu reiben, bis sich die Wolle verbunden hat. Dann kann man die Gitter weglassen und direkt auf der Wolle reiben. Zum Schluss wird der Bügel unter klarem Wasser ausgewaschen und in einem Handtuch ausgedrückt, bevor er zum Trocknen auf die Heizung gelegt wird.

✿ Für die Blätter filze ich eine grüne Fläche nach der Grundanleitung (siehe Seite 66) und schneide drei gleich große Blätter nach Vorlage aus. Die Blüten werden nach der Anleitung auf Seite 63 gefilzt (ausgehend von einem Filzkreis von ca. ø 12 cm für die großen Blüten und von ca. ø 8 cm für die kleine Blüte). Zuletzt werden die Blüten und Blätter mit Nadel und Faden an den Bügel genäht.

Neben dem Filzen ist Nähen mein zweites Steckenpferd. Ich arbeite gerne mit schönen Stoffen und nähe daraus am liebsten Ballonkleider.

leseratten, aufgepasst!

ein neues Kleid für alte Bücher

❀ Zuerst trenne ich ca. 30 cm des hellblauen Wollstrangs ab und viertele diesen Teil der Länge nach. Aus zwei Wollsträngen filze ich zwei Schnüre (siehe Seite 61), wobei jeweils ein Ende ca. 4 cm lang trocken und unverfilzt bleibt. Mit diesen Schnüren kannst du später die Buchhülle zubinden.

❀ Nun ist die Buchhülle selbst an der Reihe: Dazu verteile ich auf der Schablone aus Noppenfolie zwei Lagen hellblaue Wolle und filze diese Seite an (siehe Seite 64/65). Das Werkstück wird gewendet, die überstehenden Ränder werden nach innen umgeschlagen und auf der Rückseite erneut zwei Schichten hellblaue Wolle aufgelegt. Dann zupfe ich die Enden der Filzschnüre auseinander und platziere sie rechts und links auf der Buchhülle. Ich feuchte nun alles an und drücke die Wolle mit dem zweiten Anti-Rutsch-Gitter platt, bis die Umrisse der Schablone erkennbar sind.

❀ Für die Verzierung rolle ich den dünnen weißen Wollstrang auf dem Gitter hin und her und lege ihn ca. 1 cm vom Rand entfernt auf die Schablone. Sollte dir die Schnur zwischendurch reißen oder nicht lang genug sein, kannst du sie einfach wieder verlängern und etwas überlappend anlegen. Fertige die Schnur ca. 20 cm länger als die Umrandung an und lasse sie rechts unten über die Schablone hinaus hängen.

❀ Aus weißem Vorfilz wird das Herz nach Vorlage ausgeschnitten, auf die rechte Seite der Buchhülle gelegt und mit dünnen grünen Fasern verziert. Für die Blätter zupfst du kleine Wollflöckchen aus dem Kammzug und zwirbelst sie mit den Fingern an einer Seite zusammen. Die Röschen werden aus beiden Rosatönen schneckenförmig aufgerollt und auf der grünen Ranke verteilt.

❀ Nun filze ich die Buchhülle fertig (siehe Seite 64/65) und walke sie, bis sie sich nicht mehr verziehen lässt. Dann drehe ich die Hülle auf die Rückseite, lasse rechts und links ca. 10 cm stehen und schneide den Rest der doppelten Hülle ab. Die Schablone wird entfernt und die Ränder mit Seifenlauge verfilzt. Nun spülst du das gute Stück unter klarem Wasser aus und lässt es trocknen. Anschließend kannst du mittig am oberen Rand das gefaltete Webband als Lesezeichen annähen und die Buchhülle mit Knopf und Metallanhänger verzieren. Schon hast du einen kuscheligen Filzbezug für dein Lesefutter.

zipfelschale mit herz
für viele Kleinigkeiten

✿ In die Mitte der Schablone aus Noppenfolie lege ich das Herz aus rotem Nadelvlies, das ich mithilfe einer Schablone ausgeschnitten habe. Darauf verteile ich kreisförmig ein paar dünne Fasern der hellgrauen Wolle. Beim fertigen Modell erscheint so hinter dem Herz eine helle Schattierung. Nun lege ich wie in der Grundanleitung (siehe Seite 64/65) beschrieben zwei Schichten mittelgraue Wolle aus und filze diese Seite leicht an.

✿ Dann wende ich das Werkstück, schlage die überstehenden Ränder nach innen, lege auch auf diese Seite zwei mittelgraue Wollschichten und feuchte alles gut an. Zwischen den Fingern rolle ich nun kleine weiße Wollkügelchen, die als Punkte auf der ganzen Fläche verteilt werden. Dann wird auch diese Seite angefilzt, die Ränder werden auf der Rückseite nach innen umgeschlagen und kleine weiße Punkte werden verteilt, bevor die Schale fertig gefilzt und gewalkt wird (siehe Seite 64/65).

✿ Wichtig ist, dass du dir merkst, auf welcher Seite das eingefilzte Herz ist. Auf der gegenüberliegenden Seite (ohne Herz) wird ca. 5 cm vom Rand entfernt ein Schnitt quer über das Werkstück gemacht. Das wird noch dreimal wie bei einer Torte wiederholt. Die acht entstandenen Zipfel werden verfilzt und das fertige Stück unter klarem Wasser ausgespült. Zum Trocknen kannst du ein Handtuch hineinstopfen, damit die Schale ihre Form behält.

✿ Zu guter Letzt bringst du mit Bastelkleber die Webborte unterhalb der Zipfel an und schon hast du eine hübsche Aufbewahrung für deinen Schmuck oder andere kleine Dinge.

In der Schale kannst du ganz unterschiedliche Dinge aufbewahren, wie zum Beispiel Knöpfe, Bandreste oder sonstige Sachen, die immer griffbereit sein müssen.

kleine alpenliesel
warmherziges Kind der Berge

✿ Bevor du mit dem Filzen beginnst, schneide die Schablonen aller Einzelteile (aus Pappe) sowie die Schablone der Wärmflasche (aus Noppenfolie) gemäß den Vorlagen aus, damit du sie später griffbereit hast. Jetzt kann es ans Filzen gehen: Verteile auf der Wärmflaschenschablone zwei Lagen mittelgraue Wolle (mindestens 4 cm über den Rand hinaus) und filze diese Seite leicht an (siehe Seite 64/65).

✿ Dann alles wie einen Pfannkuchen umdrehen, das obere Anti-Rutsch-Gitter abheben und die überstehenden Wollfasern nach innen über die Schablone klappen (außer bei der oberen Öffnung). Am besten schneidet man die Wolle im Knick zwischen Flasche und Hals mit der Schere ein, da sich die Ränder so besser umschlagen lassen. Nun wieder wie oben beschrieben zwei Lagen mittelgraue Wolle auslegen und darauf einen zarten hellgrauen Wollkreis über die komplette Breite der Wärmflasche verteilen.

✿ Jetzt feuchte ich das Werkstück an und drücke es mit dem zweiten Anti-Rutsch-Gitter platt, bis die Umrisse der Schablone sichtbar werden und ich das Gitter vorsichtig hochheben kann.

✿ Nun kommt die kleine Alpenliesel an die Reihe: Schneide die einzelnen Teile der Figur aus Vorfilz aus und lege sie gemäß der Abbildung nach und nach auf den hellgrauen Wollkreis. Auf den Haaren kannst du mit dunkelbraunen und feinen beigefarbenen Fasern eine Schattierung andeuten. Lege nun den Rest des Gesichts auf den Untergrund: Für Augen, Nase und Wangen formst du kleine Kügelchen, für den Mund rollst du einen angefeuchteten, dünnen schwarzen Strang hin und her. Das Gleiche wiederholst du mit der grünen Wiese: Einfach die grünen Fasern

zwischen den Fingern rollen und als Gräser auflegen. Zum Schluss kommt noch das ausgeschnittene weiße Herzchen oben links auf den Wärmflaschenhals, dann kannst du auch diese Seite vorsichtig verfilzen (siehe Seite 64).

✿ Wenn das Motiv aufgefilzt ist, drehe ich das gute Stück wieder um, schlage die Ränder nach innen und filze die Wärmflasche fertig, bis sie sich nicht mehr verziehen lässt und sich das Motiv fest mit dem Untergrund verbunden hat. Achte dabei darauf, dass du immer wieder an den Rändern entlangstreichst, damit keine Falten oder Wülste entstehen. Dann kannst du zum Walken übergehen. Ziehe die obere Öffnung zwischen deinen Händen auseinander, entferne die Folie, schneide den Rand gerade und verfilze die Schnittkanten.

✿ Nach dem Trocknen kann man die kuschelige Wärmflasche noch verzieren, z. B. mit einem Schleifenband, und die Gummirüsche annähen. Die Wärmflasche wird anschließend zusammengerollt und durch die Öffnung geschoben.

Ferien in den Bergen – eine meiner liebsten Kindheitserinnerungen. Filzmodelle mit alpenländischen Motiven wecken bei mir deshalb immer nostalgische Gefühle.

alpenländisches kissen
das hätte Heidi gefallen

✿ Auf der Schablone werden dachziegelartig zwei Lagen weiße Wolle verteilt und leicht angefilzt (siehe Seite 64/65). Achte darauf, dass die Wollschichten ca. 4 cm über die Schablone hinausragen. Dann drehe ich das Werkstück um, schlage die Ränder über die Schablone und lege noch einmal zwei Wollschichten wie oben beschrieben auf. Diese Seite feuchte ich an, sodass die Ränder der Schablone sichtbar werden. Im linken Bereich, bis ca. 10 cm vom Rand entfernt, lege ich flächig rote Wolle aus und verteile darauf kleine weiße Kügelchen, die zwischen den Fingern gerollt werden.

✿ Auf die Mitte des weißen Bereichs platziere ich das aus Vorfilz ausgeschnittene braune Herz. Für den Zuckerguss rolle ich einen dünnen weißen Wollstrang auf dem angefeuchteten Gitter hin und her und lege ihn wellenförmig auf das Herz.

✿ Für die Blätter werden feine Wollfasern aus dem grünen Strang gezogen, an einem Ende mit den Fingern zusammengezwirbelt und mittig auf dem Herz angeordnet. Das Röschen forme ich aus feinen Wollfasern in zwei Rottönen, die ich zu einer Schnecke aufrolle.

✿ Nun filze ich das Kissen fertig (siehe Seite 64/65) und spüle es unter klarem Wasser aus. Dann setze ich unten in der Mitte des Kissens einen ca. 10 cm langen Schnitt, entferne die Folie, stopfe das Kissen aus und verziere es mit der Gummirüsche und der aufgenähten Borte zwischen dem roten und weißen Bereich. Nun kann die Kissenschlacht beginnen!

Sowohl beim Backen wie auch beim Filzen braucht man etwas Geduld und Übung beim Verzieren mit Zuckerguss. Lass dich nicht entmutigen, falls es am Anfang nicht so klappt. Wenn's gar nicht will, gönne dir eine kleine Pause.

✿ 51

erdbeertraum
zarte Blüten und leckere Früchte

✿ Als Erstes teile ich einen ca. 1,60 m langen Wollstrang aus hellgrüner Wolle für den Henkel ab. Wenn der Riemen länger werden soll, rechne bitte etwas mehr Wolle hinzu.

✿ Dann lege ich die hellgrüne Wolle dachziegelartig in zwei Schichten auf die Schablone aus Noppenfolie. Achte darauf, dass sie ca. 4 cm über den Rand hinausragt. Verfilze diese Seite nach der allgemeinen Anleitung (siehe Seite 64/65).

✿ Das Werkstück wird umgedreht und die überstehenden Ränder werden nach innen über die Schablone geschlagen, bevor auch auf dieser Seite zwei Wollschichten aufgelegt werden. Feuchte die Wolle an, bis die Umrisse der Schablone sichtbar werden. Du kannst sie auch mit dem zweiten Anti-Rutsch-Gitter etwas platt drücken.

✿ Was wäre diese Tasche ohne die hübsche Verzierung? Dazu schneide ich nach Vorlage alle Teile aus Vorfilz zurecht und lege sie parat. Für die grüne Ranke teile ich die mittel- und moosgrüne Wolle in feine dünne Stränge, feuchte sie an und lege sie auf die Tasche. Darauf setze ich die Blätter und Erdbeeren. Damit das Motiv lebendiger wirkt, verteile ich auf den Blättern etwas hellgrüne sowie auf den Erdbeeren jeweils oben links etwas dunkelrote Wolle. Außerdem rolle ich aus der gelben Wolle kleine Kügelchen und lege sie als Pünktchen auf die Früchte. Für die Erdbeerblätter zwirbele ich feine Wollfasern an einer Seite zwischen den Fingern zusammen und platziere sie auf den Früchten. Zwischendurch feuchte ich das Motiv etwas an. Dann kann es nicht verrutschen und die Pünktchen fliegen nicht weg.

✿ Wenn das Motiv auf der Tasche angeordnet ist, decke ich es vorsichtig mit dem Anti-Rutsch-Gitter zu und verfilze die Tasche wie auf Seite 64/65 beschrieben. Sobald sich die Wollschichten gut verbunden haben, kann man das Gitter ab-

nehmen. Streiche zwischendurch immer wieder an den Rändern entlang, um Falten zu vermeiden. Mit der Zeit merkst du, dass die Tasche schon kleiner wird und schrumpft.

✿ Auf der Seite ohne Muster setze ich dann mittig einen Schnitt und entferne die Folie. Außerdem schneide ich den doppelten Teil der Klappe ab und an der Kontur der Erdbeerranke entlang.

✿ Nun müssen nur noch die Schnittkanten und der Innenteil der Tasche verfilzt werden. Dann kannst du das überschüssige Seifenwasser auswaschen und die Tasche zum Trocknen auf die Heizung legen. Für mehr Volumen stecke ich immer ein Handtuch in die Tasche.

✿ Der Taschenriemen wird aus dem zuvor abgeteilten Wollstrang gefertigt. Dafür lege ich ihn flach auf das Anti-Rutsch-Gitter, besprühe ihn mit heißer Seifenlauge und reibe vorsichtig in kreisenden Bewegungen über den Strang, bis er fest verbunden ist. Zwischendurch drehe ich ihn auch mal um und reibe ihn in den Händen, damit er gleichmäßig verfilzt.

✿ Zu den Erdbeeren gehören noch weiße Erdbeerblüten: Filze einfach zwei kleine Blüten in Weiß mit gelbem Innenteil (ausgehend von einem Wollkreis von ca. ⌀ 8 cm) nach der Anleitung von Seite 63.

✿ Wenn alles gut getrocknet ist, wird der Taschenriemen an der Tasche befestigt (nähen oder knoten) und die Blüten werden aufgenäht. Als Knopf bietet sich ein großer Druckknopf an, damit das Erdbeermuster nicht gestört wird.

Tipp: Um den Taschenriemen weiter zu stabilisieren, kannst du ihn mit Stoff füttern oder mit Zickzackstich säumen.

kuschelige handyhülle
natürlich mit Kirschendeko

🌸 Zuerst lege ich zwei hellblaue Wollschichten so auf die Schablone, dass sie ca. 4 cm überstehen, und filze diese Seite an (siehe Seite 64/65). Dann drehe ich alles um, schlage die Ränder nach innen und verteile erneut wie oben beschrieben zwei Lagen Wolle. Diese Seite feuchte ich an, drücke mithilfe des Anti-Rutsch-Gitters die Luft heraus und nehme es vorsichtig wieder ab.

🌸 Nun kommt das Muster an die Reihe: Verteile zarte weiße Wollflöckchen kreisförmig auf dem unteren Teil der Tasche (ca. ø 5 cm) und feuchte sie an. Rolle eine ca. 8 cm lange, dünne braune Schnur, lege sie doppelt und platziere sie als Stiel mittig auf dem weißen Wollkreis. Für die Blätter ziehst du feine Wollfasern aus dem grünen Strang, zwirbelst sie an einem Ende mit den Fingern zusammen und legst sie auf den Knick des Stiels. Die süße Kirsche erhältst du, indem du ein rotes Wollflöckchen zur Schnecke formst und am Ende des Stiels platzierst. Als Schattierung legst du feine dunkelrote Fasern auf den linken Teil der Kirschen und darauf ein weißes Wollkügelchen. Auf dem Rest der Tasche verteilst du außerdem kleine weiße Wollkugeln, die du zwischen den Fingern rollst.

🌸 Nun kann auch diese Seite verfilzt werden. Auf der Rückseite werden die Ränder über die Schablone geschlagen und auch dort nach Belieben kleine weiße Punkte aufgelegt. Jetzt kannst du die Tasche fertig filzen und walken (siehe Seite 64/65), bis sie sich nicht mehr verzieht.

🌸 Schneide die Tasche ca. 13 cm vom unteren Rand auf der Motivseite auf, entferne die Folie und schneide die Unterseite des Deckels ab. Verfilze die Schnittkanten und spüle dann die Tasche unter klarem Wasser aus, bevor du sie trocknest. An die fertige Taschenklappe werden eine Gummirüsche und ein Druckknopf angenäht. Fertig ist deine beerig-kuschelige Handyhülle.

Tipp: Kirschen zieren nicht nur Handyhüllen, sondern auch das Haar. Dieses hübsche Haargummi wird wie auf Seite 17 beschrieben gefilzt. Die Kirschen werden einfach um das Doppelblatt geknotet und an ein Haargummi genäht.

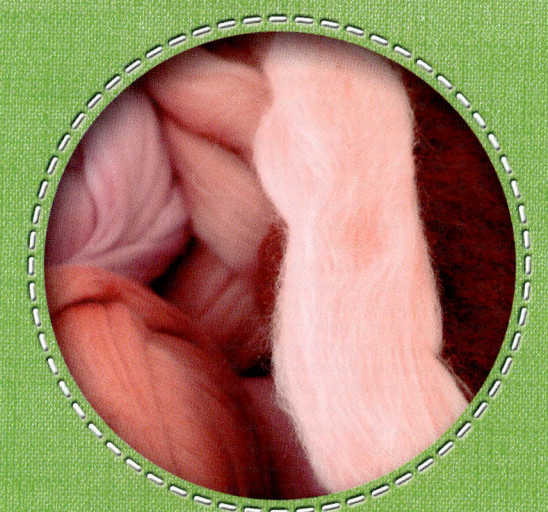

wissenswertes und hilfreiches

Das Filzen zählt zu den ältesten Techniken der Textilherstellung und hatte seinen Ursprung vermutlich vor mehreren tausend Jahren bei den Nomadenvölkern Zentralasiens. Jahrhunderte später fand das Handwerk auch in Europa Verbreitung, war lange Zeit im kunsthandwerklichen Bereich angesiedelt, um erst in den vergangenen Jahrzehnten einen neuen Aufschwung bei einem größeren Publikum zu erleben. Wenn auch du Lust auf das Filzen bekommen hast, findest du alle wichtigen Infos in diesem Kapitel: Wissenswertes zu Materialien und Grundtechniken sowie die Materiallisten und Vorlagen zu den Modellen. Gutes Gelingen!

materialkunde

Wolle

Das Wichtigste beim Filzen ist die Wolle. Mittlerweile wird sie in einer breiten Palette an Farben und Qualitäten angeboten, worauf ich hier etwas näher eingehen möchte. Denn nichts ist frustrierender als eine Wolle, die nicht richtig filzt oder hinterher auf der Haut kratzt.

Wollarten

Merinowolle

Die Merinowolle ist besonders fein und zum Filzen ideal geeignet. Sie verfilzt sehr schnell und bleibt auch nach dem Filzen kuschelig weich. Bitte beachte, dass die Merinowolle während des Filzprozesses um etwa ein Drittel schrumpft. Im vorliegenden Buch wird ausschließlich diese Wollart (sowohl im Vlies als auch im Kammzug) verwendet, die du bequem in einem Bastelgeschäft oder im Internet (siehe z. B. Seite 79) kaufen kannst. Merinowolle ist besonders dann empfehlenswert, wenn die fertigen Filzobjekte direkt auf der Haut getragen werden, z. B. bei Schmuck, Accessoires oder Kleidungsstücken.

Tipp: Fertige am besten vor Beginn ein Probestück an, damit du siehst, wie sich deine Wolle beim Filzen verhält und wie weit sie schrumpft.

Alpen- oder Bergschafwolle

Sie kommt aus gebirgigen Gegenden, verfilzt etwas langsamer, aber dafür fester und robuster. Für kleine und feine Arbeiten eignet sich Merinowolle besser, während du für große Flächen wie Taschen oder strapazierfähige Modelle wie haltbare Pantoffeln auch sehr gut diese fest filzende Bergschaf- oder Alpenwolle verwenden kannst.

Märchenwolle

Fürs Nassfilzen ist die mit Pflanzen gefärbte Wolle ungeeignet, da sie im Vorfeld bereits mehrmals gekocht wurde und der Filzprozess weitestgehend abgeschlossen ist.

Wollqualitäten

Kammzug

Der sogenannte Kammzug (Strangwolle) wird bei der Herstellung nach dem Auswaschen gleichmäßig in eine Richtung gekämmt und zu einem Band aufgewickelt. Dabei geht die natürliche Kräuselung der Wolle durch starkes Strecken fast vollständig verloren. Diese Art der Wolle eignet sich sehr gut für feine Umrandungen, Taschenriemen oder filigrane Muster, da die Wollfasern relativ lang sind.

Vlieswolle

Eine weitere beliebte Aufbereitungsform der Wolle ist das Vlies. Es besteht aus kurzen Wollfasern, die in mehreren Lagen aufeinandergeschichtet sind. Die natürliche Kräuselung ist noch erhalten.

Tipp: Auch wenn das flächige Wollvlies dazu verleitet, beim Filzen gleich als Ganzes verwendet zu werden, solltest du es doch in vielen dünnen Lagen kreuzweise auslegen. Damit garantierst du eine gleichmäßige Dicke des Filzes.

Vorfilz bzw. Nadelvlies

Der Vorfilz ist eine sehr praktische Angelegenheit. Du kannst feine Motive einfach mit der Schere ausschneiden und sie direkt mit einfilzen. Dadurch ersparst du dir viel Zeit und das Ergebnis sieht schön akkurat aus. Meistens wird Vorfilz als Meterware und in einer Stärke von 3 mm angeboten.

Was man sonst noch zum Filzen braucht

Wasser und Seife

Das Wasser zum Filzen kann nie heiß genug sein. Je heißer das Wasser, desto besser verfilzt die Wolle. Probiere einfach aus, wie heiß du es verträgst. Verbrühen sollst du dich nicht! Auch während des Filzprozesses ist es wichtig, das abgekühlte Wasser im Filzobjekt gegen frisches heißes Wasser auszutauschen, entweder, indem du das Filzobjekt vorsichtig auswringst oder das überschüssige Wasser mit einem Handtuch heraustupfst.

Um eine Seifenlauge herzustellen, fügst du dem heißen Wasser einen Schuss Spülmittel hinzu. Du musst also gar nicht tief in die Tasche greifen. Zusätzlich verwendest du am besten noch ein Stück Olivenseife, die aus pflanzlichen Fetten besteht und besonders hautfreundlich ist. Grundsätzlich kannst du aber mit jeder Seife filzen, ob Kernseife, Schmierseife oder dem duftenden Geschenk von letztem Weihnachten.

Ballbrause bzw. Wäschesprenger

Damit das Wasser auch dorthin gelangt, wo es hin soll, benötigst du einen Wäschesprenger oder besser noch eine sogenannte Ballbrause. Zur Not eignet sich auch ein ausgedienter Wäschesprenger. Der Sprühnebel sollte aber nicht zu fein sein, damit das Wasser nicht direkt erkaltet.

Gummimatten und Anti-Rutsch-Gitter

Als Untergrund und Schutz vor „Überflutungen" eignet sich eine Autofußmatte sehr gut. Es gibt sie in verschiedenen Größen und Ausführungen. Am besten legst du dir eine in der Größe 40 cm x 60 cm zu, worauf du alle Objekte aus diesem Buch bequem filzen kannst. Außerdem benötigst du zum Arbeiten zwei dünne Anti-Rutsch-Gitter aus dem Baumarkt. Fliegengitter oder alte Gardinen tun es aber auch. Die ausgelegte Merinowolle wird mit den Gummigittern zugedeckt, damit ein aufgelegtes Muster oder das ganze Objekt anfangs nicht verrutschen kann. Ich bin ein großer Fan der Anti-Rutsch-Gitter, da sie die Hände schonen und die feinen Wollfasern nicht so schnell durch die kleinen Löcher dringen.

Weitere Utensilien

Als weitere Hilfsmittel solltest du Noppenfolie (für Schablonen), eine Filznadel, einen Schwamm, zwei alte Schüsseln, Handtücher, eine Schere, einen wasserfesten Textmarker, Pappkarton (für Schablonen), Bastelkleber, ein Maßband sowie Nadel und Faden zur Hand haben.

Dein Arbeitsplatz

Lege die Autofußmatte vor dich auf den Tisch, breite darauf ein Anti-Rutsch-Gitter aus und stelle dir zwei große Schüsseln, ein Handtuch, ein Stück Olivenseife, den Wäschesprenger und alle benötigten Hilfsmittel parat. Nun suchst du dir schon mal die passende Wolle heraus, damit du nicht für jedes Flöckchen wieder loslaufen musst. Bereite dir anschließend heiße Seifenlauge zu und schütte sie in eine der großen Schüsseln. Nun kann es losgehen!

Tipp: Um lästige Wege zu verkürzen, ist ein Filzplatz in der Küche ideal. Denn dort sitzt du immer an der Quelle zu frischem, heißem Wasser und musst deine Arbeit nicht ständig unterbrechen.

Ein paar Tipps vorab

✿ Lass dich nicht entmutigen, wenn das Ergebnis mal nicht so aussieht, wie du es dir vorgestellt hast. Übung macht den Meister, und am nächsten Tag sieht die Welt schon ganz anders aus.

✿ Gönn dir nur die beste und schönste Wolle. Je höher die Wollqualität und vielfältiger die Farbauswahl ist, desto mehr Freude wirst du beim Filzen haben.

✿ Richte dir einen gemütlichen Arbeitsplatz ein, an dem dich keiner stört, du dich pudelwohl fühlst und auch mal etwas liegen bleiben darf. Lass dich von deiner Umgebung inspirieren.

✿ Mach eine kleine Pause: Nach einer Tasse Kaffee und einem Stück Kuchen kannst du entspannt und mit neuen Ideen wieder an die Arbeit gehen. Einfach das Werkstück mit frischem, heißem Wasser besprühen und weiter geht's!

so wird gefilzt

Schnüre

MATERIAL

❀ **Merinowolle im Kammzug**

Für einen Taschenhenkel benötigt man die komplette Stärke eines Wollstrangs, für eine Blütenkette nur ca. ein Drittel und um z. B. eine Linie auf einer Filzarbeit zu gestalten, reichen dünne Fasern, die zusammengerollt werden.

Für eine Filzschnur (z. B. für eine Blütenkette) lege ich einen ca. 1,10 m langen Wollstrang (1/3 der Strangdicke) auf das Anti-Rutsch-Gitter, rolle ihn ein paar Mal hin und her, damit die Luft herausgedrückt wird und sich die herausstehenden Fasern an den Strang legen. Dann sprühe ich alles mit Seifenlauge ein, trage zusätzlich etwas Seifenlauge auf meine Hände auf und rolle den Strang mit leichtem Druck zu einer Schnur.

Ist die Schnur länger als die Gummimatte, arbeite ich einfach etappenweise.

Zum Schluss drücke ich das überschüssige Wasser heraus und rolle die Schnur zusammengeknautscht zwischen den Händen, damit sie sich in alle Richtungen fest verfilzen kann. Anschließend ziehe ich sie wieder glatt und lasse sie auf der Heizung trocknen.

Varianten

Möchtest du mehrere Teile aneinanderfilzen, lässt du ein Ende des Wollstrangs trocken.

Für die Verbindung mehrerer Filzteile stehen zwei Möglichkeiten zur Verfügung: Zum einen kannst du beide Teile mit der Filznadel festnadeln (z. B. beim Modell auf Seite 21). Zum anderen hast du die Möglichkeit, die Wolle nass zu verfilzen (wie z. B. beim Modell auf Seite 23).

Tipp: Bei einer Blütenkette sieht es hübsch aus, wenn sich die Enden der Schnur farblich abheben. Dazu wickelst du ein paar dünne Wollfasern in trockenem Zustand um den Strang und filzt sie direkt mit ein. So entsteht ein zarter Verlauf.

Ringschiene

MATERIAL
❀ Merinowolle im Kammzug, ca. 3 cm x 15 cm

Den Wollstrang für die Ringschiene wickele ich eineinhalb Mal fest um drei meiner Finger (Zeige- bis Ringfinger) und fixiere das Ende mit meinem Daumen. Dann tauche ich alles in heiße Seifenlauge und lasse die Wolle sich vollsaugen. Auf die andere Hand trage ich etwas Seife auf und reibe mit sanftem Druck in kreisenden Bewegungen vorsichtig über die nasse Wolle, bis der Ring anfilzt. Mit der Zeit erhöhe ich den Druck, ziehe immer einen Finger mehr aus der Schiene heraus, damit diese weiter schrumpft.

Dann lege ich den Ring auf das Anti-Rutsch-Gitter und rolle ihn seitlich so lange hin und her, bis er auf den gewünschten Finger passt. Zu guter Letzt drücke ich das überschüssige Wasser heraus und lasse das kleine Kunstwerk auf der Heizung trocknen.

Kugeln und Früchte

MATERIAL
❀ Merinowolle im Vlies in Rot
   (ca. 1 g für zwei Kirschen)
❀ Filznadel und Schwamm

Zuerst teile ich die rote Merinowolle in zwei Teile, damit die Früchte hinterher gleich groß werden. Dann wickele ich einen Bausch zu einem straffen Knäuel auf und halte dieses mit den Fingern fest zusammen.

Das Wollknäuel lege ich auf den Schwamm und steche mehrere Male mit der Filznadel hinein. Durch die Widerhaken an der Nadel ziehen sich die Fasern durch die Wolle und halten sie zusammen.

Anschließend tauche ich die trockene Kugel in heiße Seifenlauge und rolle sie solange in den Händen, bis sie gleichmäßig fest verfilzt ist. Kirschen werden als Kugeln gearbeitet; Erdbeeren, Eicheln und Knospen werden als Zapfenform modelliert.

Variante Eichel
Das Häubchen der Eicheln aus dunkelbrauner Wolle wird ebenfalls mit der Filznadel auf der Eichel fixiert.

Variante Erdbeere
Die getrockneten Erdbeeren kann man anschließend mit gelben Pünktchen verzieren, indem mit der Filznadel kleine gelbe Wollflöckchen auf die Beeren genadelt werden.

Blüte

MATERIAL
- ❀ Wollreste im Vlies in Weiß und Gelb
- ❀ Wollrest im Kammzug in Hellgrün

Für eine ca. 8 cm große Blüte beginne ich damit, kleine Flöckchen der weißen Wolle zu einem ca. 12 cm großen Kreis auf dem Anti-Rutsch-Gitter auszulegen. In die Mitte gebe ich ein kleines Flöckchen gelbe Wolle, die den Innenteil der Blüte andeutet. Zum Auszupfen nur die Spitzen der Wolle zwischen Fingern und Handballen greifen. Nie mit spitzen Fingern zupfen!

Um Linien darzustellen, ziehe ich feine Fasern aus dem grünen Wollstrang, rolle sie kurz auf dem angefeuchteten Gitter hin und her und lege sie anschließend auf den Wollkreis.

Mit dem zweiten Gitter decke ich alles zu, sprühe heiße Seifenlauge darauf und streiche mit einem Stück Seife darüber. Dann beginne ich, in kreisenden Bewegungen von außen nach innen zu reiben, bis sich die obersten Wollfasern leicht verbunden haben. Das Gitter sollte zwischendurch vorsichtig angehoben werden, um ein Verfilzen mit der Wolle zu verhindern.

Nun wird das Ganze umgedreht, das obere Gitter wird abgehoben und die Seitenränder der Blüte werden etwas nach innen geschlagen, damit der Blütenkreis gleichmäßig rund wird. Aus der restlichen grünen Wolle wird ein kleiner Wollkreis in der Mitte ausgelegt.

Tipp: Wie man einen Stiel an die Blüte filzt, wird auf Seite 61 beschrieben.

Dann decke ich erneut alles mit dem Anti-Rutsch-Gitter ab, besprühe das Filzwerk mit frischem Wasser, streiche Seife darüber und reibe erneut solange, bis beide Blütenseiten gut verfilzt sind.

Den Blütenkreis lege ich mit der grünen Seite nach unten auf meine geballte Faust und drücke alles mit einem Finger in die Mulde meiner Faust, damit die Blütenform entsteht. Das überschüssige Wasser wringe ich in eine Schüssel aus.

Der untere Teil der Blüte wird ca. ab der Mitte fest zusammengehalten, mit heißem Wasser eingesprüht und solange drübergerieben, bis der Kelch fest verfilzt ist. Jetzt die fertige Blüte unter klarem Wasser ausspülen und mit der Schere Blütenkonturen ausschneiden.

Die Blüten in diesem Buch werden alle nach den gleichen Arbeitsschritten gefertigt. Sie unterscheiden sich lediglich in der Farbgebung und der Form der Blütenblätter.

Tipp: Umso mehr Farben du wählst, die in feinen Nuancen aufeinander abgestimmt sind, desto lebendiger und naturgetreuer wirken die Blüten.

Hohlkörper

MATERIAL

- 🏵 Merinowolle im Kammzug in deiner Lieblingsfarbe, ca. 30 g (hier in Weiß)
- 🏵 Merinowolle im Vlies in einer anderen Farbe für die Tupfen (hier in Rot)
- 🏵 Druckknopf
- 🏵 Borte als Verzierung
- 🏵 Noppenfolie, ca. 13 cm x 18 cm
- 🏵 Nähnadel und Nähgarn in Wollfarbe

Aus der Noppenfolie schneide ich eine Schablone (13 cm x 18 cm) aus und lege sie auf ein Anti-Rutsch-Gitter. Dann zupfe ich aus dem weißen Kammzug zwischen Fingern und Handballen (nicht mit spitzen Fingern!) feine Wollfasern heraus und verteile sie gleichmäßig dachziegelartig auf der Schablone. Dabei sollten die Fasern ca. 4 cm über den Rand hinausragen. Nach demselben Prinzip verteile ich eine weitere Wollschicht quer auf der unteren. Auch hier die Fasern immer halb übereinanderlegen.

Das Ganze decke ich mit dem zweiten Anti-Rutsch-Gitter ab, besprühe es mit dem heißen Wasser und streiche mit der Seife darüber. Anschließend beginne ich, in kreisenden Bewegungen von außen nach innen über das Gitter zu reiben, bis sich die ersten Wollfasern leicht verbunden haben.

Dann drehe ich das Filzstück wie einen Pfannkuchen um und ziehe das obere Gitter vorsichtig ab. Alle überlappenden Wollfasern werden sorgfältig über die Schablone nach innen geklappt. Bitte Hände gut abtrocknen! Jetzt erneut zwei Wollschichten wie auf der Vorderseite dachziegelartig über die Schablone hinaus auflegen.

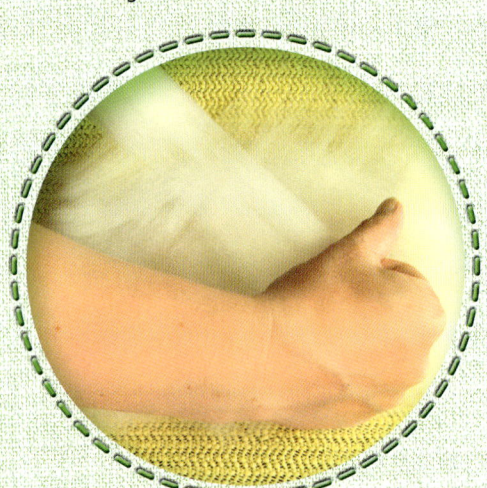

Für das Motiv (hier Pünktchen) feuchte ich die trockene Wolle an und drücke mit dem Anti-Rutsch-Gitter die überschüssige Luft heraus, bis die Schablonenränder zu sehen sind. Danach lege ich das Gitter wieder beiseite. Dann kann das Muster folgen. Für die gezeigten Pünktchen zupfe ich kleine Wollflöckchen aus dem Vlies heraus, rolle sie zwischen den Fingern zu Kügelchen und lege sie auf das Filzstück.

Variante Linien

Möchtest du Linien einfilzen, teilst du dir vorher einen dünnen Wollstrang eines Kammzuges ab, feuchtest ihn an und rollst ihn kurz hin und her.

Variante Vorfilz

Der Vorfilz wird lediglich nach einer Vorlage zurechtgeschnitten und ebenfalls auf der nassen Wolle platziert.

Liegt das Muster so, wie man es sich vorstellt, deckt man alles erneut vorsichtig mit dem zweiten Anti-Rutsch-Gitter ab, besprüht es mit heißem Wasser, streicht die Olivenseife darüber und beginnt, in kreisenden Bewegungen über das Gitter zu reiben.

Wichtig ist, dass erst mit der Zeit etwas mehr Druck ausgeübt wird, damit die Wolle nicht verrutscht. Zwischendurch hebe ich das Gitter hoch, um ein Festfilzen an der Wolle zu vermeiden.

Tipp: Sollten sich beim Filzen auf der Wolle kleine Knötchen bilden, verwende einfach etwas mehr Seife. Rutschst du hingegen über das Filzstück, ohne dass sich etwas verändert, tupfe die überschüssige Seife mit einem Handtuch ab und sprühe etwas mehr heißes Wasser darauf.

Nun wende ich das Filzstück wieder samt den Anti-Rutsch-Gittern, ziehe das obere ab und schlage die überstehenden Fasern um, lege das gewünschte Motiv auf und verfilze auch diese Seite wie zuvor beschrieben. Sobald sich die umgeschlagenen Ränder sowie das Muster mit dem Untergrund verfilzt haben, kann man das Gitter beiseite legen und direkt auf der Wolle reiben. Wichtig ist, dass man immer wieder mit der Hand an den Kanten entlangfährt, um unschöne Falten und Wülste zu vermeiden.

Wenn sich der Filz fest verbunden hat und die Faserrichtung nicht mehr erkennbar ist, wringe ich das Täschchen kräftig in einer Schüssel oder im Waschbecken aus. Als Nächstes wickele ich das Täschchen fest in ein Handtuch ein und rolle es unter starkem Druck hin und her. Das wiederhole ich solange in alle Richtungen (auch diagonal und auf der Rückseite), bis sich der Filz nicht mehr verziehen lässt. Dieses Verfahren nennt sich Walken; es macht die Filzstücke noch stabiler.

beerranke auf Seite 52/53). Anschließend feuchte ich die Schnittkanten mit Seifenlauge an und verreibe die Ränder, bis auch sie verfilzt sind.

Zum Schluss wasche ich mit klarem Wasser die überschüssige Seifenlauge heraus, lege mein Werk auf die Heizung zum Trocknen, und verziere es dann z. B. mit süßen Borten oder einem hübschen Knopf.

Mit einer Schere schneide ich die Tasche auf einer Seite im oberen Drittel vorsichtig auf, trenne die Klappe einseitig ab und entferne die Schablone. Die Form der Taschenklappe kannst du nun nach Belieben ausschneiden, z. B. rund, als Zipfel oder um ein Motiv herum (wie bei der Umhängetasche mit Erd-

Fläche

Gefilzte Flächen sind vielseitig verwendbar, z. B. für Blätter, Aufnäher oder Filzröschen. Es bietet sich an, immer ein paar Filzplatten in verschiedenen Farben vorrätig zu haben. Dadurch erspart man sich viel Zeit. Gerade für dieses Buch ist es sinnvoll, im Vorfeld verschiedene grüne Platten für Blätter anzufertigen. Sie werden immer wieder verwendet und so kann man auch sehr schön testen, wie weit die Wolle schrumpft.

MATERIAL
- Merinowolle im Kammzug oder im Vlies
- evtl. noch einen Rest einer zweiten ähnlichen Farbe für Schattierungen

Die Spitzen der Wolle zwischen Fingern und Handballen greifen (nicht mit spitzen Fingern!), feine Strähnen aus der Wolle herauszupfen und Reihe für Reihe dachziegelartig auf ein Anti-Rutsch-Gitter legen. Achte darauf, dass die Fasern nicht geknickt werden oder zu dünn ausgelegt sind. Umso gleichmäßiger wird hinterher das Ergebnis.

Das Gleiche wiederhole ich mit einer zweiten Wollschicht quer über der ersten. Für eine Schattierung lege ich feine Fasern einer anderen Farbe oben auf beide Wolllagen, die sich dann beim Filzen miteinander verbinden.

Nun decke ich alles mit dem zweiten Anti-Rutsch-Gitter zu, besprühe es mit heißem Wasser und streiche ein Stück Olivenseife darüber. Dann reibe ich mit den Händen kreisförmig so lange über die Matte, bis alles leicht angefilzt ist. Das Arbeitsstück drehe ich wie einen Pfannkuchen um und entferne vorsichtig das obere Gitter.

Tipp: Drücke zwischendurch das erkaltete Wasser mit einem Handtuch aus der Wolle und ersetze es durch neues, heißes Wasser. Umso besser und schneller filzt es sich.

Sind beide Seiten gut verfilzt, wird die Fläche stramm in ein Handtuch oder ein Anti-Rutsch-Gitter eingeschlagen und mit Druck hin- und hergerollt. Das wiederhole ich von allen Seiten (auch von der Rückseite), bis sich das Filzstück nicht mehr verziehen lässt. Dieses Verfahren nennt man Walken. Das Filzstück zieht sich durch die Reibung immer weiter zusammen und wird stabiler. Dann die Filzplatte gut ausspülen und trocknen lassen.

Um eine gleichmäßige Fläche zu erhalten, klappe ich die feinen Seitenränder nach innen. Anschließend wird alles wieder zugedeckt und wie die erste Seite verfilzt. Sobald sich die umgeschlagenen Ränder gut verbunden haben, kann man das Gitter wegnehmen und direkt auf der Wolle reiben.

materiallisten

romantischer blütengürtel
Seite 10

- ❀ Merinowolle im Kammzug in Weiß, ca. 20 g, und in Hellgrün, ca. 30 g
- ❀ Merinowolle in Hellrosa, ca. 3 g
- ❀ Merinowollreste in Dunkelrosa und Gelb
- ❀ Noppenfolie für die Schablone, ca. 12 cm x 48 cm
- ❀ Pappkartonrest
- ❀ Nähnadel und Nähgarn in Hellgrün

VORLAGE SEITE 72+77

knallrote kirschohrringe
Seite 16

- ❀ Merinowolle im Vlies in Rot, ca. 1 g
- ❀ Merinowolle in Moosgrün, ca. 2 g
- ❀ Hutgummi in Schwarz, ca. 20 cm
- ❀ 2 Ohrhaken
- ❀ Filznadel und Schwamm
- ❀ Pappkartonrest

VORLAGE SEITE 72

zarter blütenschmuck
Seite 12

PRO MODELL
- ❀ Merinowolle im Kammzug in Hellgrün, ca. 3 g, und in Hellrosa, ca. 2 g
- ❀ Merinowollrest in Weiß
- ❀ Pappkartonrest
- ❀ Nähnadel und Nähgarn in Hellgrün

ZUSÄTZLICH
KETTE
- ❀ Merinowolle im Kammzug in Hellgrün, ca. 1,10 m lang (1/3 Strangdicke), und in Waldgrün, ca. 1,10 m lang (dünne Fasern)
- ❀ Merinowollrest in Gelb

BROSCHE
- ❀ Merinowolle im Kammzug in Hellgrün, ca. 1 cm x 20 cm
- ❀ Anstecknadel
- ❀ Filznadel und Schwamm

BLÜTENRING
- ❀ Merinowolle im Kammzug in Hellgrün, ca. 3 cm x 15 cm

VORLAGE SEITE 77

pulswärmer für kühle tage
Seite 14

- ❀ Merinowolle im Kammzug in Hellgrün, ca. 40 g, in Mintgrün (1/4 Strangdicke) und in Moosgrün (1/4 Strangdicke)
- ❀ Merinowollreste in Hellrosa und in Weiß
- ❀ Noppenfolie, ca. 45 cm x 12 cm
- ❀ Nähnadel und Nähgarn in Hellgrün

VORLAGE LÄNGE: 45 CM, BREITE: DEINE HANDBREITE PLUS EIN DRITTEL

noch mehr kirschen

Seite 17

PRO MODELL

- Merinowolle im Kammzug in Hellgrün, ca. 20 cm lang (1/4 Strangdicke)
- Merinowolle im Vlies in Rot, ca. 1 g
- Merinowolle in Hellgrün, ca. 5 g
- Filznadel und Schwamm
- Pappkartonrest
- Nähnadel und Nähgarn in Grün

ZUSÄTZLICH
HAARCLIP

- Merinowollreste im Vlies in Weiß und in Gelb
- Haarclip

BROSCHE

- Webband mit Kirschmotiv, ca. 1 cm breit, ca. 15 cm lang (als Schleife)
- Anstecknadel

VORLAGE SEITE 72+77

nie wieder kalte füße

Seite 18

FÜR GRÖSSE 39

- Merinowolle im Vlies in Rot, ca. 80 g
- Merinowolle im Kammzug in Hellgrün, ca. 3 g
- Merinowollrest im Vlies in Weiß
- Webband in Rot-Weiß kariert, ca. 5 mm breit, ca. 30 cm lang
- Nähnadel und Nähgarn in Rot
- Noppenfolie, ca. 15 cm x 29 cm

VORLAGE SEITE 75

erdbeerlust: Haarband

Seite 20

- Merinowolle im Kammzug in Hellgrün, ca. 1,10 m lang (1/3 Strangdicke), ca. 2 cm x 10 cm (1/4 Strangdicke) und ca. 3 g
- Merinowolle in Weiß, ca. 2 g
- Merinowollrest in Gelb
- Merinowollrest im Vlies in Rot
- Filznadel und Schwamm
- Pappkartonrest

VORLAGE SEITE 77

erdbeerlust: Brosche

Seite 21

- Merinowolle im Vlies in Rot, ca. 1 g
- Merinowolle im Kammzug in Hellgrün, ca. 15 cm lang (1/4 Strangdicke)
- Merinowolle in Hellgrün, ca. 3 g
- Merinowollrest im Vlies in Gelb
- Filznadel und Schwamm
- Pappkartonrest
- Nähnadel und Nähgarn in Hellgrün
- Webband in Rot-Weiß kariert, ca. 1 cm breit, ca. 20 cm lang (als Schleife)
- Anstecknadel

VORLAGE SEITE 75

ein glückliches händchen

Seite 22

- Merinowollreste im Vlies in Rot und Weiß
- Merinowolle im Kammzug in Moosgrün, ca. 3 cm breit, ca. 15 cm lang
- Filznadel und Schwamm
- Nähnadel und Nähgarn In Weiß
- Webborte, ca. 5 mm breit, ca. 15 cm lang (als Schleife)

glück to go!

Seite 23

- Merinowollreste im Vlies in Rot und Weiß
- Merinowolle im Kammzug in Hellgrün, ca. 3 g
- Filznadel und Schwamm
- Nähnadel und Nähgarn in Weiß
- Webborte, ca. 5 mm breit, ca. 15 cm lang (als Schleife)
- Anstecknadel

pastellige herzerl: Gefilzte Herzen
Seite 26

- ❀ Merinowolle im Kammzug in deiner Lieblingsfarbe, ca. 15 g
- ❀ Vorfilzreste in Beige und Braun
- ❀ Merinowollreste im Kammzug in Grün, in zwei Rosatönen und in Braun
- ❀ evtl. Knopf (für das Kirschherz)
- ❀ Schleifchen (als Verzierung)
- ❀ Webband (zum Aufhängen)
- ❀ Noppenfolie
- ❀ Pappkartonrest
- ❀ Nähnadel und Nähgarn in Wollfarbe
- ❀ Stopfwolle

VORLAGE SEITE 73

pastellige herzerl: Genähte Herzen
Seite 26

- ❀ fester Baumwollstoff in deiner Lieblingsfarbe, ca. 18 cm x 18 cm
- ❀ bunte Wollreste im Vlies für das Motiv
- ❀ Schleifchen, Knöpfe und Borten (zum Verzieren)
- ❀ Webband (als Aufhänger)
- ❀ Filznadel und Schwamm
- ❀ Pappkartonrest
- ❀ Nähnadel und Nähgarn in Stofffarbe
- ❀ Stopfwolle

VORLAGE SEITE 73

es spukt!
Seite 28

FÜR EIN GESPENST

- ❀ Merinowolle im Kammzug in Weiß, ca. 20 g, und Rest in Schwarz
- ❀ Merinowollrest im Vlies in Rosa
- ❀ Webband in Rot-Weiß kariert, ca. 1 cm breit, 25 cm lang
- ❀ Noppenfolie
- ❀ Filznadel und Schwamm
- ❀ Stopfwolle
- ❀ Kordelrest in Rot-Weiß

VORLAGE SEITE 74

kürbismädchen
Seite 30

- ❀ Merinowolle im Vlies in Orange, ca. 10 g
- ❀ Merinowollreste im Kammzug in Hellorange und Mittelbraun
- ❀ Merinowollreste im Vlies in Dunkelbraun, Schwarz und Rosa
- ❀ Nadelvliesrest in Weiß
- ❀ Webband in Rot-Weiß kariert, 5 mm breit, 20 cm lang
- ❀ Stopfwolle
- ❀ Noppenfolie
- ❀ Filznadel und Schwamm
- ❀ Pappkartonrest
- ❀ Nähnadel und Nähgarn in Orange

VORLAGE SEITE 79

natur inspiriert!
Seite 32

- ❀ Merinowolle im Vlies in Beige, ca. 1 g, und Rest in Dunkelbraun
- ❀ Merinowolle im Kammzug in Hellgrün, ca. 3 g
- ❀ Webband in Grün-Weiß kariert, 1 cm breit, 20 cm lang (als Schleife)
- ❀ Filznadel und Schwamm
- ❀ Pappkartonrest
- ❀ Nähnadel und Nähgarn in Grün

VORLAGE SEITE 75

steinpilze
Seite 33

FÜR ZWEI PILZE

- ❀ Merinowolle im Vlies in Beige, ca. 2 g, und in Dunkelbraun, ca. 1 g
- ❀ Merinowolle in Grün, ca. 2 g
- ❀ ovaler Stein oder Holzstück
- ❀ Bastelkleber
- ❀ Filznadel und Schwamm

warmes licht
Seite 34

FÜR EIN WINDLICHT

* Merinowolle im Kammzug in Weiß, 30 g, in Grün, 30 cm lang (1/4 Strangdicke), und Rest in Anthrazit
* Merinowollreste im Vlies in Weiß und in Dunkelrot
* Merinowollreste in verschiedenen Grüntönen
* Nadelvlies in Rot, ca. 15 cm x 15 cm, und in Grün, ca. 10 cm x 10 cm
* Webband in Rot-Weiß kariert, ca. 1 cm breit, 40 cm lang
* Noppenfolie, ca. A4
* Pappkarton, ca. A4
* Windlichtglas, ca. 15 cm hoch, ca. ø 10 cm

VORLAGE SEITE 74+77

weihnachtsfreuden: Nikolausstiefel
Seite 36

* Merinowolle im Kammzug in einem Schlammton, ca. 55 g, und in Grün, ca. 20 cm lang (1/4 Strangdicke)
* Nadelvlies in Weiß, ca. 20 cm x 20 cm, und in Rot, ca. 3 cm x 10 cm
* Merinowollrest im Vlies in Weiß
* Zackenlitze in Weiß, ca. 60 cm lang
* Webband in Grün-Weiß kariert, 1 cm breit, 30 cm lang
* Glöckchen
* Filzplatte in Grün
* Bastelkleber
* Noppenfolie
* Pappkartonrest

VORLAGE SEITE 76

weihnachtsfreuden: Zuckerstangen
Seite 37

FÜR 4–5 STANGEN

* Merinowolle im Kammzug in Weiß, ca. 60 cm lang (1/2 Strangdicke), und in Rot, ca. 90 cm lang (1 cm dünn)
* Filzplattenrest in Grün
* hübsches Band (zum Aufhängen)
* Bastelkleber
* Pappkartonrest
* Stecknadeln

serviettenringe
Seite 40

FÜR ZWEI RINGE

* Merinowolle im Kammzug in einem Schlammton, ca. 4 g, in Moosgrün, ca. 3 g, und Reste in Mittelblau und Hellblau
* Merinowolle im Vlies in Dunkelblau, ca. 2 g
* Webband in Blau-Weiß kariert, ca. 1 cm breit, 40 cm lang (zu zwei Schleifen gebunden)
* Pappkarton
* Nähnadel und Nähgarn in Grün

VORLAGE SEITE 72

eierwärmer
Seite 41

FÜR ZWEI EIERWÄRMER

* Merinowolle im Kammzug passend zu deinem Geschirr, ca. 20 g (hier in Weiß), und Rest in einer anderen Farbe (hier in Grün und Blau)
* Noppenfolie

VORLAGE SEITE 74

kleiderbügel zum abhängen
Seite 42

* Holzbügel
* Merinowolle im Kammzug nach deiner Farbwahl, ca. 20 g, und in Grün, ca. 2 g
* transparentes Nähgarn
* Nähnadel und Nähgarn in Wollfarbe

ZUSÄTZLICH
GRAUER BÜGEL

* Merinowolle im Kammzug in Hellgrün, ca. 1,10 m lang (1/4 Strangdicke)
* Merinowollreste in Weiß und in Hellblau

WEISSER BÜGEL

* Merinowolle im Kammzug in Hellblau, ca. 2 g
* Merinowollreste in Weiß und in Dunkelblau

VORLAGE SEITE 77

leseratten, aufgepasst!
Seite 44

* Merinowolle im Kammzug in Hellblau, ca. 90 g, in Hellgrün, ca. 20 cm, und in Weiß, ca. 1 cm stark, 1 m lang
* Nadelvlies in Weiß, ca. 10 cm x 15 cm
* Merinowollreste in Hell- und Dunkelrosa
* Knopf oder Metallanhänger (als Verzierung)
* Webband in Blau-Weiß kariert, ca. 1 cm breit, 70 cm lang
* Noppenfolie
* Pappkartonrest

VORLAGE SEITE 72 UND 42 CM X 26 CM
(FÜR EINE BUCHGRÖSSE VON 17 CM X 24 CM)

zipfelschale mit herz
Seite 46

* Merinowolle im Kammzug in Mittelgrau, ca. 40 g, und Rest in Hellgrau
* Merinowollrest im Vlies in Weiß
* Nadelvliesrest in Rot
* Webborte zum Verzieren, ca. 45 cm lang
* Noppenfolie
* Bastelkleber

VORLAGE SEITE 79 UND KREIS, CA. Ø 23 CM

kleine alpenliesel
Seite 48

* Merinowolle im Kammzug in Mittelgrau, ca. 80 g, in Hellgrau, ca. 2 g, und Reste in Grün und in Schwarz
* Nadelvlies in Weiß, ca. 8 cm x 15 cm, in Rot, ca. 7 cm x 7 cm, in Beige, ca. 10 cm x 15 cm, und in Braun, ca. 10 cm x 20 cm
* Merinowollreste in Beige, in Rosa und in Dunkelbraun
* Gummirüsche in Rot-Weiß kariert, ca. 1,60 cm lang
* Webband in Rot-Weiß kariert, ca. 5 mm, 30 cm lang
* Verzierung (für Kragen)
* Nähnadel und Nähgarn in Grau
* Noppenfolie, ca. 38 cm x 46 cm
* Pappkartonrest

VORLAGE SEITE 78

alpenländisches kissen
Seite 50

* Merinowolle im Kammzug in Weiß, ca. 70 g, in Rot, ca. 3 g, und Reste in Grün und Dunkelrot
* Nadelvlies in Dunkelbraun, ca. 12 cm x 12 cm
* Webborte zum Verzieren, ca. 21 cm lang
* Gummirüsche in Rot-Weiß kariert, ca. 1,20 m lang
* Noppenfolie, ca. 25 cm x 43 cm
* Pappkartonrest
* Stopfwolle, ca. 130 g
* Nähnadel und Nähgarn in Weiß

VORLAGE SEITE 73 UND 25 CM X 43 CM,
ECKEN LEICHT ABGERUNDET

erdbeertraum
Seite 52

* Merinowolle im Kammzug in Hellgrün, ca. 300 g, in Mittelgrün, ca. 30 cm lang (1/4 Strangdicke) und in Moosgrün, ca. 30 cm lang (1/4 Strangdicke)
* Merinowolle im Vlies in Weiß, ca. 2 g
* Nadelvlies in Rot, ca. 10 cm x 20 cm, und in Grün, ca. 10 cm x 20 cm
* Merinowollreste im Vlies in Gelb und in Dunkelrot
* Druckknopf
* Noppenfolie
* Pappkartonrest
* Nähnadel und Nähgarn in Hellgrün

VORLAGE SEITE 78 UND CA. 40 CM X 60 CM,
ECKEN LEICHT ABGERUNDET

kuschelige handyhülle
Seite 54

* Merinowolle im Kammzug in Hellblau, ca. 16 g
* Merinowollrest im Vlies in Weiß
* Merinowollreste im Kammzug in Braun und in Grün
* Merinowollreste im Vlies in Rot und in Dunkelrot
* Gummirüsche in Rot-Weiß kariert, ca. 10 cm lang
* Druckknopf
* Noppenfolie, ca. 12 cm x 29 cm
* Nähnadel und Nähgarn in Hellblau

VORLAGE 12 CM X 29 CM,
ECKEN LEICHT ABGERUNDET

vorlagen

knallrote kirschohrringe
Seite 16

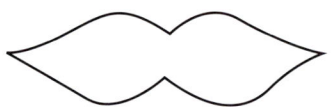

noch mehr kirschen
Seite 17

serviettenringe
Seite 40

romantischer blütengürtel
Seite 10

BITTE AUF 200 % VERGRÖSSERN

leseratten, aufgepasst!
Seite 44

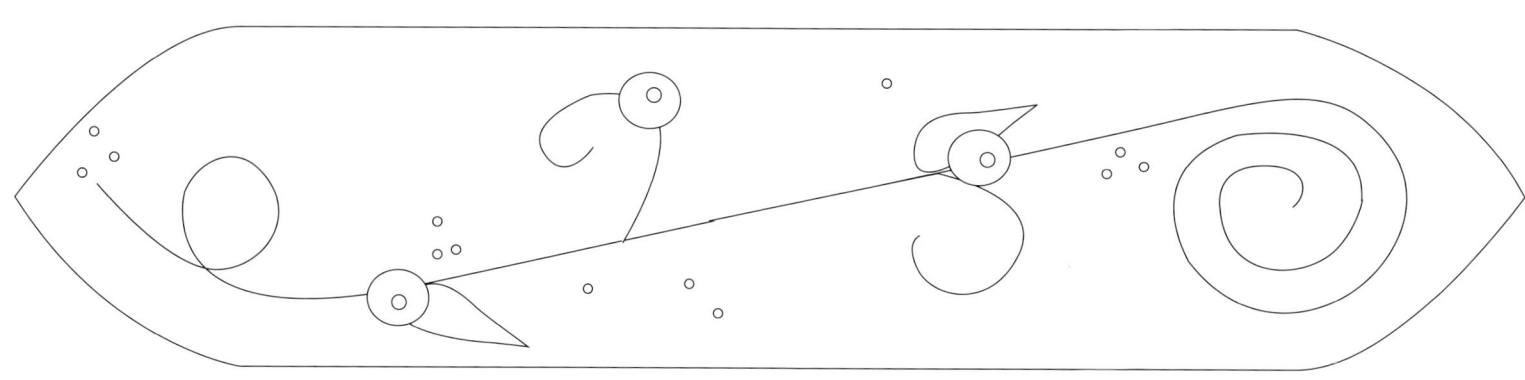

alpenländisches kissen
Seite 50
(kleines Herz)

pastellige herzerl
Seite 26

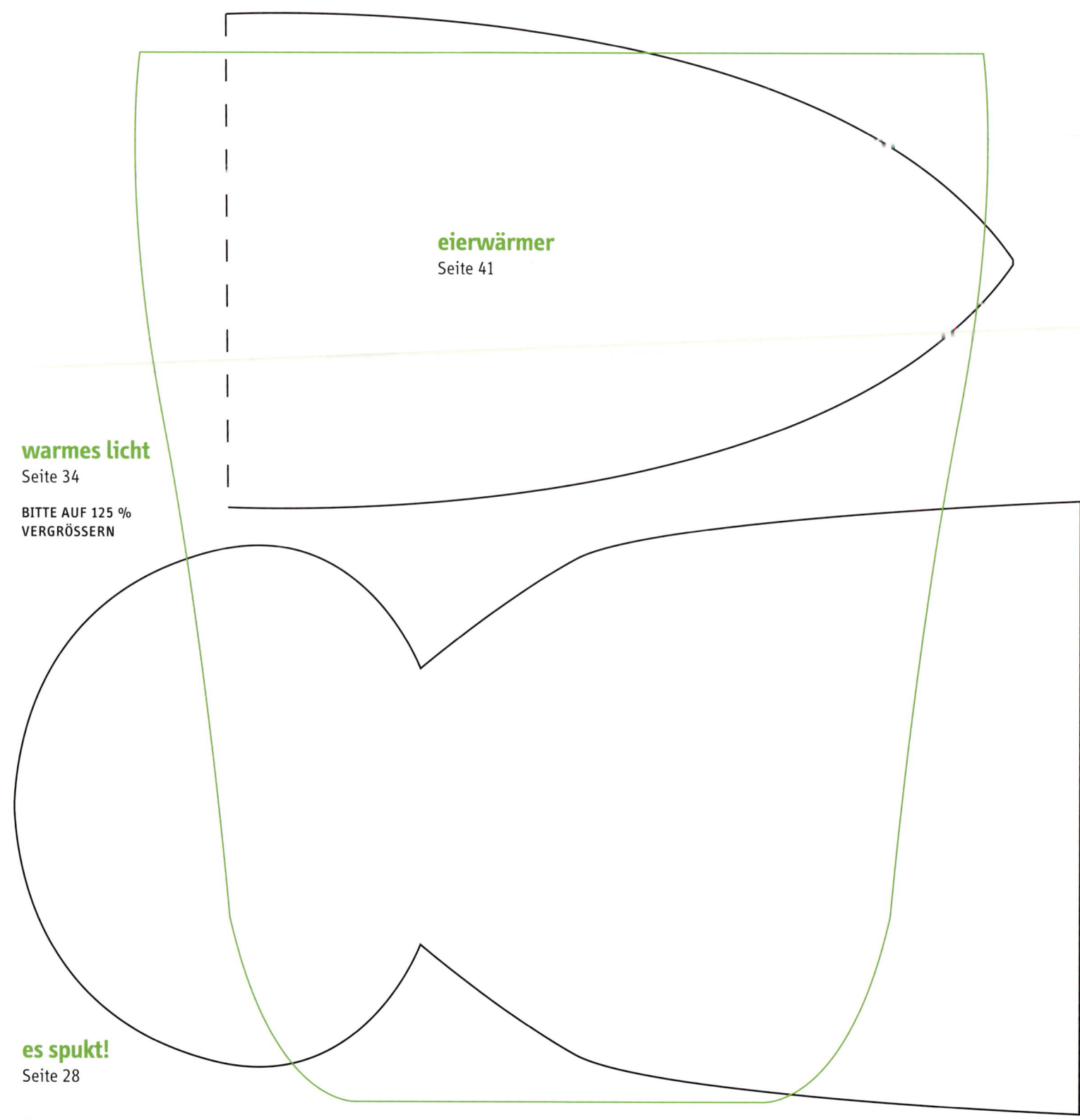

eierwärmer
Seite 41

warmes licht
Seite 34

BITTE AUF 125 %
VERGRÖSSERN

es spukt!
Seite 28

natur inspiriert!
Seite 32

erdbeerlust: Brosche
Seite 21

nie wieder kalte füße
Seite 18

**FÜR SCHUHGRÖSSE 39 BITTE
AUF 125 % VERGRÖSSERN**

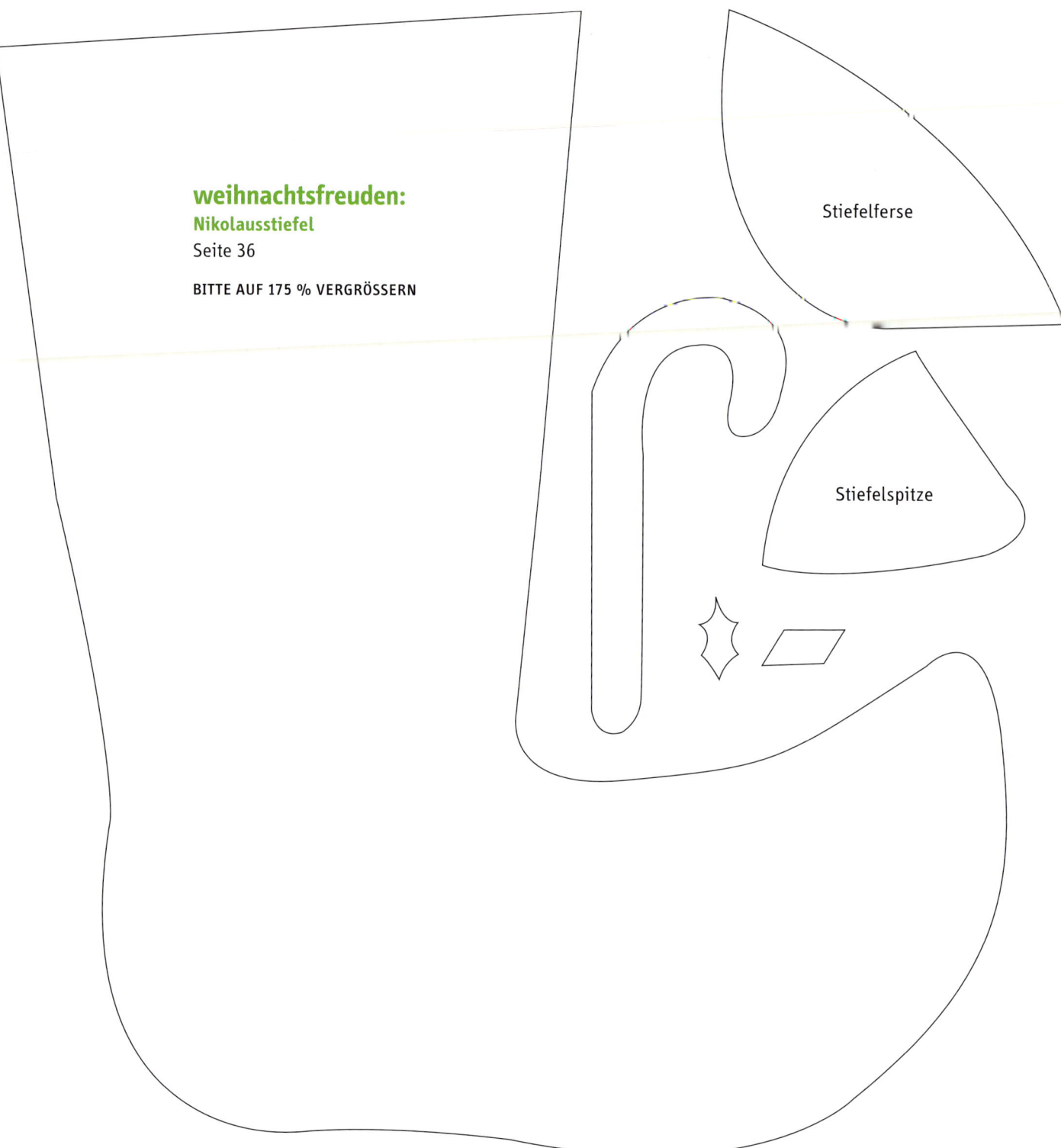

weihnachtsfreuden:
Nikolausstiefel
Seite 36

BITTE AUF 175 % VERGRÖSSERN

Stiefelferse

Stiefelspitze

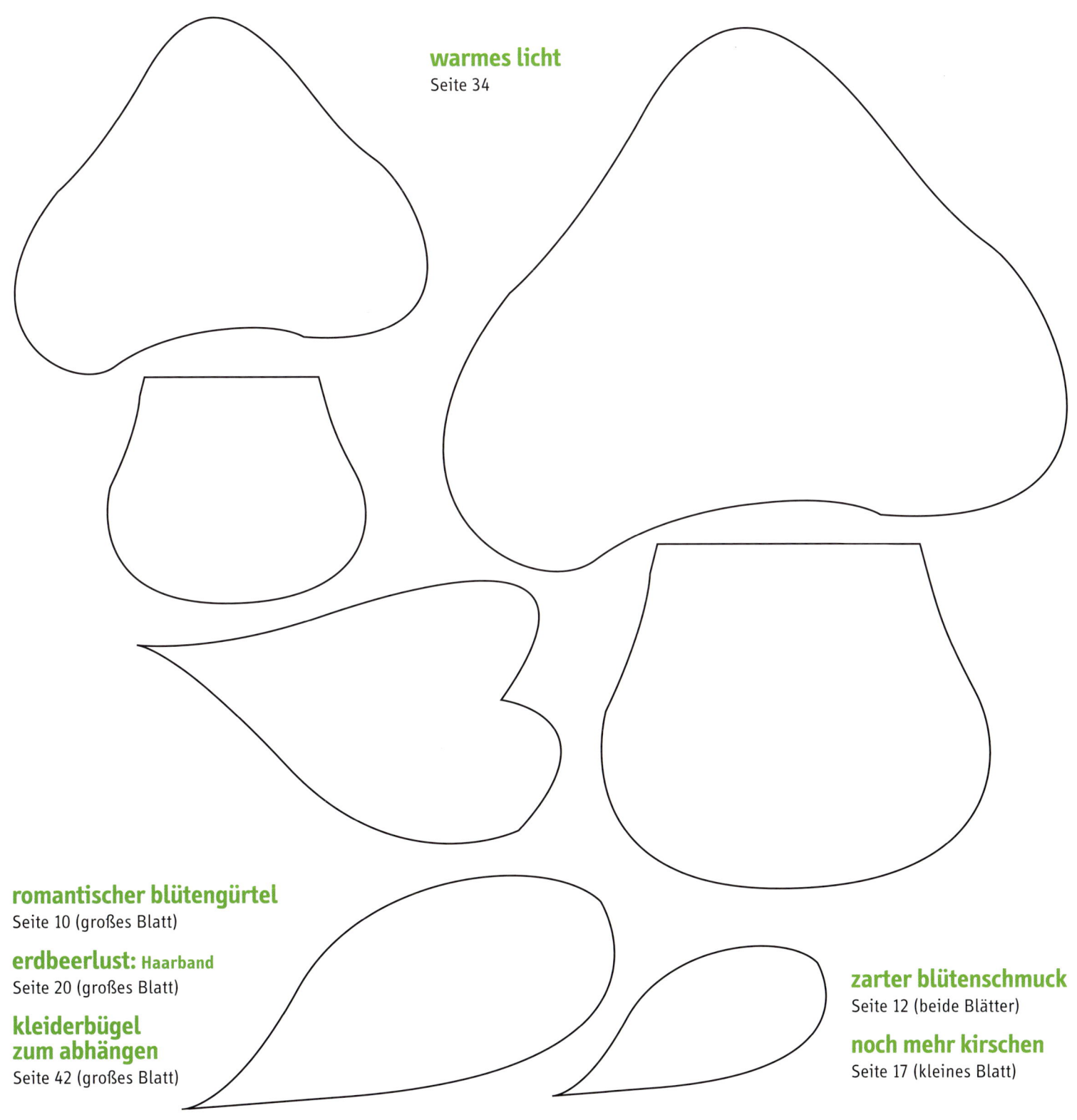

warmes licht
Seite 34

romantischer blütengürtel
Seite 10 (großes Blatt)

erdbeerlust: Haarband
Seite 20 (großes Blatt)

**kleiderbügel
zum abhängen**
Seite 42 (großes Blatt)

zarter blütenschmuck
Seite 12 (beide Blätter)

noch mehr kirschen
Seite 17 (kleines Blatt)

kleine alpenliesel
Seite 48

BITTE AUF 200 % VERGRÖSSERN

erdbeertraum
Seite 52

kürbismädchen
Seite 30

zipfelschale mit herz
Seite 46

Ich möchte mich bei allen Material-
herstellern bedanken, die so
freundlich waren, mich ganz selbst-
verständlich mit dicken Woll- und
Materialpäckchen zu versorgen.

Wollknoll GmbH
Forsthausstr. 7
74420 Oberrot-Neuhausen
www.wollknoll.de

„die Wollfabrik"
Gert. Huppertz GmbH & Co. KG
Lürriper Str. 373–375
41065 Mönchengladbach
www.die-wollfabrik.de

Wizardwool
Dobler & Vetter KG
Staldenstraße 27
A-6890 Lustenau
www.wizardwool.at

Frau Tulpe
Veteranenstraße 19
10119 Berlin
oder
Frau Tulpe
Große Bergstraße 213
22767 Hamburg
www.frautulpe.de

Ilka Siebel, Jahrgang 1981, verheiratet und Mutter eines kleinen Sohnes, lebt und arbeitet in einem romantischen Fachwerkhaus in der Altstadt von Freudenberg im Siegerland. Vor ihrem Leben als Filzdesignerin arbeitete die gelernte Industriekauffrau und Grafikerin in der Werbebranche.

„Meine Oma war bereits Schneiderin und bei ihr durfte ich schon früh das Pedal der alten Nähmaschine bedienen. Meine Mutter steckte mich dann gleich nach der Geburt in selbstgenähte Sachen, was wohl deutlich auf mich abgefärbt hat. Meine kreative Ader habe ich später dann als Kind an meinen geliebten Kuscheltieren ausgelassen, die unbedingt mit Hosen und Röcken eingekleidet werden wollten. So entdeckte ich das Nähen mit der Hand und auf Muttis Nähmaschine für mich. Später folgten dann die ersten Strick- und Häkelversuche, zwischendurch wurde gemalt, bis ich vor einigen Jahren das Filzen als kuscheliges Medium für mich gewonnen habe", so Ilka Siebel.

Seit mittlerweile zweieinhalb Jahren verkauft die selbstständige Künstlerin ihre Filzkreationen, die in ihrem kleinen Atelier mit viel Liebe entstehen, unter dem Label „Kunstgenuss".

Mehr kreative Ideen und Infos gibt es auf ihrer Homepage unter: www.kunstgenuss-freudenberg.de
Zudem kann man in ihrem Online-Shop einige Bastelsets für die in diesem Buch beschriebenen Modelle bestellen.

Kunstgenuss
Ilka Siebel
Marktstraße 22
5/258 Freudenberg
www.kunstgenuss-freudenberg.de
www.dawanda.de/shop/kunstgenuss

Ein ganz dickes Lob geht an meinen Mann Alex, der mir geduldig den Rücken freigehalten und mich beim Schreiben des Büchleins unterstützt hat. Außerdem möchte ich mich bei meinem Sohn Jannes Casimir bedanken, der das Buch in meinem Bauch mitgeschrieben hat und vielleicht die eine oder andere Idee beigesteuert hat.

Hilfestellung zu allen Fragen, die Materialien und Kreativbücher betreffen: Frau Erika Noll berät Sie. Rufen Sie an: 05052/911858*   *normale Telefongebühren

IMPRESSUM

FOTOS: frechverlag GmbH, 70499 Stuttgart; Ilka Siebel (Cover oben links, Seite 2, 6, 9 [oben links], 11 [kleines Bild], 12 [kleines Bild], 25 [oben links], 32 [kleines Bild], 39 [oben links], 43 [kleines Bild oben rechts], 47 [kleines Bild oben rechts], 57 [beide Bilder], 58 [kleines Bild oben rechts], Seite 61–66 [Arbeitsschrittbilder], 80; istock: esemelwe [Seite 7], Rolphus [Seite 15, kleines Bild vorne], Ksyma [Seite 15, kleines Bild hinten], Maica [Seite 16, kleines Bild], hiramtom [Seite 21, kleines Bild], siloto [Seite 23, kleines Bild], dtma [Seite 28], kickstand [Seite 31, kleines Bild hinten], Daisy-Daisy [Seite 31, kleines Bild vorne], constantgardener [Seite 40, kleines Bild], Esolla [Seite 43, kleines Bild hinten], Albuquerque [Seite 43, kleines Bild vorne], Crisma [Seite 47, kleines Bild unten], ra-photos [Seite 48], MKucova [Seite 51]; fotolia: kwerensia [Seite 13, kleines Bild], typhoonski [Seite 37, kleines Bild]; lichtpunkt, Michael Ruder [alle übrigen Fotos]

PRODUKTMANAGEMENT UND LEKTORAT: Katrin Hartmann
GESTALTUNG UMSCHLAG UND INHALT: Katrin Röhlig
LAYOUT: Petra Theilfarth
DRUCK UND BINDUNG: Grafisches Centrum Cuno GmbH & Co. KG, 39240 Calbe

Auflage: 5.   4.   3.   2.   1.
Jahr: 2014 2013 2012 2011 2010   [Letzte Zahlen maßgebend]
© 2010 frechverlag GmbH, 70499 Stuttgart

ISBN 978-3-7724-5576-6
Best.-Nr. 5576

my design my design my design my design my design my design